PEI YANG HAI ZI

培养孩子

沛霖·泓露 著

孩子的身上存在缺点并不可怕，可怕的是作为孩子人生领路人的父母缺乏正确的家教观念和教子方法。

——[美]珍妮·艾里姆

父母必须让孩子知道，在成长的道路上，
不可能是一帆风顺的。成功往往是与艰难、困苦、坎坷、挫折相伴而来的。

——[美]芭贝拉·罗斯

中国商业出版社

图书在版编目（CIP）数据

培养孩子 / 沛霖·泓露著. -- 北京 : 中国商业出版社，2017.5
ISBN 978-7-5044-9727-7

Ⅰ. ①培… Ⅱ. ①沛… Ⅲ. ①家庭教育 Ⅳ. ①G78

中国版本图书馆CIP数据核字(2017)第031654号

责任编辑：姜丽君

中国商业出版社出版发行
010-63180647 www. c_cbook. com
（100053 北京广安门内报国寺1号 ）
新华书店经销
永清县晔盛亚胶印有限公司
*
720×1000毫米 16开 16印张 200千字
2017年6月第1版 2017年6月第1次印刷
定价：38.00元
* * * *
（本书若有印装质量问题，请与发行部联系调换）

前　言

作为父母，当然希望自己的孩子能够成才，可成才的标志又是什么呢？难道每次考试成绩都名列前茅，将来考上名牌大学，这就是孩子成才的标志吗？那为何现在好多“清华”“北大”的学生毕业后也只能“赋闲在家”呢？

很多父母认为家庭教育的关键就是开发孩子的智力，可又该如何科学合理地开发孩子的智力呢？难道两岁时便强迫孩子背诵唐诗宋词，还不到四岁就让孩子掌握1000多个英语单词，这就是开发孩子的智力吗？现在有很多倒背一本《牛津字典》都如流水一般顺畅的孩子，为什么却连自己的生活都打理不了呢？

对于孩子来说，学习当然是他们最重要的事情，可父母又应该为孩子创造怎样的一个学习氛围呢？难道小学一年级就请家教，每逢节假日必须去培训班学习，这就是为孩子创造的良好学习氛围吗？那些学习成绩高得出奇，与人交往却如同弱智的孩子，难道也是父母为他们创造良好学习氛围的目的之一？

如上所述的种种现象，都在向我们揭示出这样一个事实：我们对孩子的教育进入了一个极端。我们只重视孩子某一方面的发展，却忽略了其他方面，而这些被忽略的方面，却并非如我们所认为的那样无足轻重。

孩子的成长，就像一棵秧苗，若只给它强烈的阳光，它就会因得不到雨水滋润干渴而死；若只给它充沛的雨水，根会因此腐烂，最终也只能是死亡。只有在阳光充足、雨水适当的条件下，秧苗才能长高、抽穗，等到秋天结出累累的果实。

目 录

第一章 培养孩子懂得感恩

一种性格收获一种人生，而一颗感恩的心，将为孩子塑造一种良好的性格。

第二章　培养孩子的求知心

孩子的成长，不应该只是身体上的，更应该是精神上的。而精神上的成长，来自于知识的积累。

第三章　给孩子一个快乐的家庭

家庭，无疑是孩子生活的土壤，父母也很希望他们能在这里茁壮成长。只是我们是否注意到，对于家庭这块土壤来说，没有快乐，是十分贫瘠的。

第四章　培养孩子的兴趣

兴趣是指一个人对某件事物的喜好，但它不应当是一时的，而且完全是出于自己的天性。孩子也是如此。

第五章　培养孩子自信

自信与自卑的区别，就犹如白昼与黑夜。若你的孩子蜷缩在黑暗的角落里，请给他一盏灯的光亮。

第六章　培养孩子的想象力

每一个孩子的心灵，都是一扇无限敞开的门。对此，父母唯一能做的就是：成为远方的一座灯塔。

第七章　培养孩子的理想

孩子是一株攀援而上的牵牛花，它需要泥土，但更需要阳光。而理想，就是普照在孩子身上的温暖阳光。

第八章　培养孩子坚强

我们经常看到这样的情景：孩子很乐意去做一件事，却很少能把这件事做完。对此，父母该怎么办呢？

第九章　培养孩子的理财

从小开始培养孩子的理财能力，可以让孩子学会规划，更会让孩子明白钱财对自己人生的真正价值。

第一章
培养孩子懂得感恩

一种性格收获一种人生，而一颗感恩的心，将为孩子塑造一种良好的性格。

培养孩子宽广的胸怀

心胸狭窄的人是很难有所作为的，即便他才华盖世，最终也不会有太大的成就。例如我们在看《三国演义》的时候，都不免会为周瑜感到惋惜和遗憾。想他羽扇纶巾，谈笑间火烧曹操八十万大军的雄才大略；精通音律，雅量高致，喝醉之后还能听出曲中的谬误，以至于有人为了能得到他的垂青，时时误拂弦。吴主孙权对他言听计从，视他为左膀右臂。按说此时，正是他一展抱负，建功立业的好时候，却只因为对诸葛亮的嫉妒，吐血而亡，英年早逝。汉朝的飞将军李广，汉文帝时便因率军抗击匈奴而威名远播。他的一生都在边关戍敌，与匈奴大小打了七十余战，以骁勇善射、智谋超群著称，以致匈奴人闻到他的名字就远远地避开了，不敢与他交战。可也就是在这样的一种情况下，他养成了极度自负的毛病，从不把他人放在眼里，当得知许多人因军功而被封侯而战功赫赫的自己并没有被封时，他 民便心怀不满，不听军令，以至于最后落得自刎的下场。

一个人是否能取得成功，做出一番大业绩，在很大程度上取决于这个人是否有足够宽宏的气度和胸怀。在佛教里有一个大肚弥勒佛，他以自己大肚能容的形象教育着一代一代的世人。我们历来也一直把那些不因小事而浪费时间和精力的人称之为大器之才，认为他们能得人心，能成就大事业。事实上的确是这样，对于那些没有任何价值的事不耿耿于怀的人，他就会有更多的精力和时间用在有意义的事情上，遇到令自己不满意的事情也不会满腹牢骚，不以自我为中心，能够听得进别人的忠告，在与人相处时能够做到以己度人，有接纳他人不同意见的雅量。

在当今社会里，因为孩子在家庭里都是独生子女，从小备受爷爷奶奶、姥姥姥爷、爸爸妈妈的宠爱，很容易便养成了心胸狭窄的毛病，变得自私自利，容不下别人。心胸狭窄对孩子有极大的危害，将给他们未来的生活带来数不尽的烦恼。在报纸、电视和网络上，我们经常会看到关于一些孩子因心胸狭窄而走向极端的报道。

某学校一名初中一年级学生，一天放学之后，边听着“随身听”边走在回家的路上。这时，一个同班同学走过来，以开玩笑的方式把他的“随身听”抢了去。当时有很多同班同学在场，他觉得自己因此很没面子，决心要报复。第二天，他纠集了两个社会上的“朋友”，早早就来到学校门口，对那个同学大打出手，鼻梁也被打成了粉碎性骨折。

广州珠海区某学院一名入学没多久的新生，因为受不了同寝室里一个人晚上睡觉的呼噜声，几天后就坠楼身亡了。

人的一生是漫长的，孩子从儿童长成大人，再到参加工作、结婚生子，其间是一条很长很长的路。作为父母，当然希望自己孩子的人生路将会是一帆风顺的，可每一个成年人也都知道这是不切实际的。既然这样，为人父母的就应该帮助孩子建立一个良好的人格，好让他们在以后自己生活的日子里能妥善地对待每一个困难。人生不如意者十之八九，所以最难得的是面对不如意事情时的心态。心胸狭窄的人遇到这样的事情会愤怒、暴躁、胆怯、失望、惧怕、憎恨等，从而使自己陷入恶劣的心境中无法自拔，甚至还会因不冷静而走上犯罪的道路。有一则《马鹿争食》的寓言故事，就很深刻地说明了这点。

在一片草地上，青草茂盛，溪水清澈，一只马在里面自由自在地生活着。这里的水草是如此充足，它每天都能美美地享用，再也不会为饿肚子而发愁了。可是不久之后，一只鹿无意中也来到了这片草地上，见这里水草丰盛，于是就留了下来。

本来这片草地上的水草足够马和鹿享用了，如果它们能好好相处下去，生活还将像以前一样美好。可惜马并不这么想，它认为这只鹿的到来危害到了它的利益，搅乱了它的生活，因此它开始焦虑不安，觉得如果不把这只鹿赶走，自己将永无宁日。于是在一天清晨，这片草地上就爆发了一场马鹿之间的战争。最后，鹿靠着自己一对锐利的角打败了马，把它赶出了这片草地。

落荒而逃的马很不甘心，可自己又确实打不过鹿，决定去请人来帮忙。可人并不愿无偿帮助它，提出一个条件，那就是人要骑在马的身上，并给它带上辔头。

人骑着马，赶走了鹿，可马因此也被拴在槽头，失去了自由，再不能过以前那样无忧无虑的生活了。

在与人交往的过程中，心胸狭窄的人一般很难与人相处，因为他们只在意别人的缺点，根本不知道用欣赏的目光去看待别人的长处，结果必然使得之间的关系越来越僵，身边的朋友越来越少。可另外一个方面，每个人都有与人交流的欲望，以来排泄自己心中的苦闷和烦恼，可身边若没有朋友的话，就会形成有苦无处诉的境地，进而使情绪陷入消沉和悲观之中，如同石头掉进泥沼中一样，难以自拔。

有这样一个孩子，无论在父母还是学校老师的眼睛里，他都是一个品学兼优的孩子，因此从小在他周围就从不缺少夸奖和赞美之声。在这样一个环境的熏陶下，他逐渐变得越来越娇纵，养成了心胸狭窄的性格，听不进别人一句批评的话语，容不下其他人比自己更优秀。一天，老师在课堂上表扬了一名平时学习成绩比他差的同学，这就让他很生气，课下就把那名同学给打了。为此，老师对他进行了一番批评教育，他回家之后就逼着父母给他转学。

他先后转了五所学校，每次都是不能接受老师对他的批评。转到第六所学校之后，没几天，又因为一点小事和同学发生了口角，搞得全班人都不愿意和他交往。班主任知道以后，和颜悦色地劝说他改一下自己的毛病。可就是因为老师的这句话，在接下来的好几天时间里他吃饭都不香、觉也睡不好。后来，他告诉父母说自己不想再去学校念书了。

随着生活水平的不断提高，父母对孩子的关心不能不说越来越细致入微，可我们把注意也都放在了孩子的学习和生活方面，相应地忽略了培养孩子的性格，尤其是豁达性格的培养。很多家长在认识上存在着这样的误区，那就是认为孩子的性情是天生就有的，根本不在于后天的培养。其实，孩子刚来到这个世界上时就如同一块儿白布，后来的色彩都来自于对周围环境的观察和学习。这个道理很浅显，如果一个孩子生下来耳朵是聋的，那他肯定不会说话，因为他听不到别人说话的声音，也就无从模仿。儿童心理学家就曾指出：孩子性格的生成，很大一部分受到父母的教育和生活环境的影响。如果一个孩子生长在家庭溺爱的环境下，从小过着独吃、独玩的生活，有东西不懂的与人分享，缺乏与同龄孩子的交往和接触，就会因此养成自私自利、斤斤计较、目中无人的狭隘性格。

为了孩子能得到良好且健康的发展，一方面父母要尽早纠正孩子的一些“小气”行为，例如告诉他食物要分给别人一起吃，学习用具和玩具如果小伙伴借去用也应该答应。另一方面父母也要给孩子做出榜样，以自己的言传身教影响孩子，比如生活中和邻居融洽相处，乐意把东西借给对方。孩子有模仿的天性，而父母的行为在孩子的一生中，影响是最直接和长久的。因此给孩子树立一个良好的慷慨的榜样，孩子就会在潜移默化中形成豁达的性格。

正确看待孩子的“恶作剧”

你坐在沙发上看电视，他悄悄地把一根鸡毛插在你的头发上；

你正准备出门，他却把钥匙藏了起来，看着你因锁不了门而着急打转；

你拿着拖把在前面拖地，他却在后面玩水，弄得满地板都是。

不知从什么时候开始，你的小宝贝突然变得很古怪，总爱在不经意的时候给你制造一些小小的麻烦。那么，孩子这样做的目的是什么呢？在他们这些可爱的行为之后，又潜藏着怎样的“危险”呢？

很多人认为调皮捣蛋、恶作剧是孩子的代名词，这与他们的天性有关，孩子本来就比较调皮和天真，如果一个孩子不会调皮，反而令人担心。事实上的确是这样，5～12岁时的孩子比较机敏，表现欲望很强烈，希望能够得到大人们的认可和欣赏，但另一方面他们又没有什么值得炫耀的能力和特长，便会使用“恶作剧”以引起人们的注意。比如在老师的粉笔盒里放一条死了的小蛇，往女生的课桌里悄悄塞进一只癞蛤蟆，或者在同桌站起来回答问题时偷偷地把凳子挪开。

德国汉堡的儿童心理学家托马斯·卡尔松经过长时间的观察发现，喜欢搞恶作剧的孩子一般都有着丰富的想象力和创造力，他们成才的可能性较之循规蹈矩的孩子会更大。孩子在进行恶作剧的策划和设计时，需要开动脑筋，展开自己的想象力，这比做家庭作业的强度要高得多，因此便会在无形中提高孩子智力的发育。另外，孩子在恶作剧的过程中可以增强他们的独立性。因为在进行这种行为时，孩子就必须超越父母为其所规范的界限，而独立性的形成恰恰需要这种超越。

可静下心来细想之后，我们又不难发现：孩子的“恶作剧”往往是在非理智情况下发生的，对一些东西的破坏和对他人的伤害常常也让人始料不及。这一切所引起的后果，也不能不引起我们的重视。

广东某中学一名年满14岁的初一男生，在玩耍时，用扫把挑逗爬在铁杆上的同班同学。不料，被挑逗的那名同学不慎从铁赶上掉落下来，扫把竟然意外地插入该同学的肛门，导致直肠受伤。

河北省怀来县某村的几个小学生放学之后，打算出去玩，途中他们看到一个年龄和他们相仿的学生，大概是腿脚不方便，拄着双拐。这使他们很觉得惊奇，便一拥而上夺过了残疾孩子的双拐，放在了井边，随后一哄而散。当这名残疾孩子爬到井边去取拐杖时，一不小心掉进了4米多深的井里。

上面两个事例中，孩子的不当行为都是在“恶作剧”的心理下进行的，或许在他们的内心里并没想着去伤害谁，可事情的发展结果却如此严重。从表面上来看，孩子一时的“恶作剧”看似无伤大雅，可父母如果不及时给予引导，帮助他克服这个毛病，他就可能因此而放纵自己，从而伤害到他人，走上犯罪的道路，也给自己的人生带来无尽的懊悔。

一次，柏拉图在乡村的田野里散步，看到一个小孩子正在玩一个荒唐的游戏，便上前严厉地对他进行了一番批评。这个孩子很觉得委屈，认为这只是一件很小的事情，柏拉图根本用不着这么声色俱厉的批评，态度那么恶劣。柏拉图严肃地告诉他：“如果养成了习惯，就不是一件小事了。”

许多父母在对待孩子的“恶作剧”时，要么不论场合就恼怒训斥，体罚痛打，让孩子饱受皮肉之苦；要么明知孩子的做法不对，可还是以“孩子年纪小，长大了自然会变好”为理由进行溺爱袒护，不做批评教育，只是轻描淡写地告诉孩子“以后可不要再这样了”。还有的父母因为孩子恶作剧的对象是别人，便不认真对待，甚至觉得这是孩子“点子多”、“机智能干”的表现，还把它作为一件好事加以夸耀。

这样的做法其实是完全错误的，对孩子进行严厉的惩罚并不能帮助孩子认识到错误的真正原因，而溺爱袒护和曲解夸赞更纵容了孩子坏行为的发展。在对孩子的“恶作剧”进行说服教育的时候，父母应该“先赞扬，后批评引导”，探寻他这样做的缘由，指出其作法中的错误或不妥之处。这样既不会给孩子带来精神上的压力和负担，有助于他们智力和独立性的发展，也能规范他们的行为，起到防患于未然的效果。

另外，父母在对孩子的“恶作剧”进行处理时．对以下几点要加以注意：

1. 父母要站在品德培养的高度来认识孩子的“恶作剧”行为。

在看待孩子的“恶作剧”时，父母要站在这样的一个立足点，那就是孩子的“恶作剧”往往只是他头脑里突然萌生出来的想法，具有偶然性，他把这种想法付诸行动，也只是他品德意识相对薄弱的反映，并不能说明他有多么坏。因此，父母对这种行为要予以重视，不能任凭孩子自己发展下去，但也不能进行粗暴的教育，而应该把对他的品德教育放在第一位。

2. 引导孩子认识到“恶作剧”的后果，促进孩子良好品德意识的形成。

孩子的“恶作剧”是一种非理智行为，后果往往事与愿违。父母要向孩子讲明它可能带来的危害，引导孩子认识这种行为不光对孩子自身有一定的危险，而且给他人也会带来一定的损害，从而教育孩子从小树立关心他人的良好品德。

3. 认真分析孩子“恶作剧”的动机，不要一概而论。

孩子“恶作剧”的动机各不相同，有的是因为向家长提出的要求未得到满足而进行的报复，有的是出于对事物的好奇，也有的是认识上的局限。因此，父母在遇到孩子的“恶作剧”时不能不分青红皂白就一概而论，要加以区别对待，该批评的要批评，该引导的要引导，该教育的要教育。

父母在处理孩子“恶作剧”的时候，在时间上不要拖延，应抓住时机，趁热打铁，以加强教育的力度和深刻性。同时，在批评的时候要注意场合，这样一方面能更好地消除孩子的抵触心理，也保护了孩子的自尊心，使其乐于接受。

纠正孩子的残忍行为

芬芳的绿草地上，一个小女孩嬉笑着扑抓一只美丽的花蝴蝶，接着把它抓在手里，用大头针钉住，眼睁睁看着它痛苦挣扎着死去，而后放到标本夹里面。

午后的太阳底下，一个小男孩手拿一只聚光镜，把光线的焦点集中在一只无助挣扎的蚂蚁身上，直到蚂蚁被灼热的光柱活活烧死，一动不动，然后再去灼烧下一只蚂蚁。

几个顽皮的孩子在玩耍一只小猫，尽管已经将其玩耍折磨得奄奄一息了，还不肯就此罢手，反而找来汽油倒在它身上，点燃尾巴，然后开心地笑着，任凭小猫在火中惨烈地叫着，四处奔跑，直到躺在地上化为一堆灰烬。

诸如此类的场景，日常生活中我们经常会看到。或许是孩子还小，只因为好奇或者觉得好玩，并不明白生命的珍贵，也不知道这样的做法是残忍的。作为孩子的父母，却不能忽视这种行为对孩子的影响。如果不给予及时的阻止，随着孩子年龄一天天的增长，这种行为就会被他们继续下去，反而不觉得自己有什么不对的地方，等到他们长大成人之后，便会形成漠视生命的观点，从而极容易走上暴力犯罪的道路。

生态学理论认为，攻击和防御一样，也是人的一种本能反映，只能用道德的力量才能对其进行约束和压制。如果一个孩子在行为上表现出了残忍，那肯定是因为他的道德观念和认知能力相对薄弱的原因。心理学家通过研究发现，一个人的残忍行为往往是他长期压抑感的一种外在表现，具体到孩子身上，有些父母对待他人没有同情心，对孩子动不动就进行惩罚，甚至拳脚相加；有些父母经常吵架、感情不和，时常把孩子当作双方的出气筒，使孩子感觉不到温暖；有些家庭父母离异，使孩子从小在感情上就“营养不良”，缺少关心；有些孩子生活在一个再婚的家庭中，从继父母那里得不到应有的爱。在这样的环境下生活，孩子在心理上长期感觉到压抑感，就必然会通过一些具有破坏性的行为来发泄，以缓解心中的压抑和不满。这些破坏性的行为包括折磨和戏弄小动物、欺凌弱小。在这个过程中他能够体会到一种乐趣，能够短暂地消除内心情绪的不满和压抑感。

南京某小区的一个下午，几个青年男女手持装满汽油的雪碧瓶，来到一幢楼房后面的小花园里，那里住着一只母狗和两只小狗。这几个青年将汽油浇在小狗身上，用打火机点燃。刹时间，狗的惨叫声、刺鼻的焦糊味和滚滚浓烟在四下里弥漫开来，打破了小区的平静。面对不断围过来的居民的谴责，一个男青年给出了这样的理由：狗半夜叫得人睡不好觉，一把火烧死拉倒。

武汉市某试验中学，两名初二的学生在将近1年的时间里，对一名身体有缺陷的同学进行虐待。他们在他的背上画骷髅图案，用烟头烫他的手臂，甚至有一次将其打得遍体鳞伤，然后扔进水池，在旁边看着他在水池里挣扎，就是不让上来。在这两名施虐者身上有一个共同点，就是父母离异，他们一直生活在单亲家庭。

为了让孩子能有一个完整且美好的人生，父母应该及时纠正孩子的残忍行为，在他内心深处建立起对弱小群体的同情心。这样，在他们长大之后，就会成为一个关心他人，具有正义感，对社会有责任感的人。

还有一些孩子的残忍行为，有时或许只是因为好奇心，比如他们会想：小鸡的毛拔下来之后会成为什么样子？把小白兔的红眼睛挖下来还能走路吗？尽管这些行为是在无意识的情况下进行的，但对孩子造成的影响也不容忽视，他们会因此在心里轻视生命的宝贵，无视他人的痛苦，感情上变得麻木。

另外，孩子在父母的娇惯之下生活和成长，就会形成利己观念，只知道让自己的愿望得到满足，从不理会别人的感受，甚至为了达到自己的目的，便去做一些伤害别人的事情，事后并不会感觉到有一种负罪感，反而幸灾乐祸。

在前苏联教育学家苏霍姆林斯基的书里提到这样一件事：一天，他看见班里的一个学生用弹弓打死一只老麻雀，便把他叫到自己的身边，带着他找到了那个鸟巢，指着里面嗷嗷待哺的小麻雀说："他们没有了妈妈，也就失去了食物的来源，只能这样慢慢死去。现在谁也没有办法救活它们了。"目睹着这样的一幅场景，那名学生惭愧地低下了头，流出了泪水。20年之后，这名学生找到苏霍姆林斯基表示感谢，说："如果当时您严厉地惩罚我，那么，这么多年来我就不会因此而自己惩罚自己了。我总觉得自从我打了那一弹弓后，世界上的小鸟的啁啾声都变得少了似的……"

父母在纠正孩子的残忍行为时，也应该像苏霍姆林斯基这样，不要用惩罚作为对孩子进行教育的手段，"以暴治暴"只能让孩子更加暴虐。具体可以参考以下几点：

1. 培养孩子的同情心，平时多创造一些机会让他去帮助那些弱小、不幸的人。

2. 应用正确的教育方法，爱护、关心并尊重孩子。在进行教育时不要用体罚来对待孩子的错误、缺点和残忍行为。这样不但不利于对孩子的教育说服，相反无异于告诉孩子这种行为并没有错，只是自己还没有长大。

3. 拿出足够的时间来陪伴孩子，给孩子足够的爱，让他在一个和谐的家庭环境氛围中成长，使他感受到家庭的温暖，体会到人与人之间的相互体贴，激发孩子对家、对社会的责任感和义务感。

4. 注意纠正那些由于好奇心和求知欲而引起的"残忍"行为。

爱心是孩子的天性

一个小男孩行走在一片草地上，看见一只白色的蝴蝶在绿草地上挣扎着，原来是它的翅膀被荆棘弄伤了，他弯下腰小心翼翼地把蝴蝶捧在手心里，慢慢地拔出了刺，让它又能在绿色的原野上飞行。在就要穿过这片草地的时候，小男孩面前出现了一位仙女，这是蝴蝶为了报恩变化的。仙女对小男孩说："善良的人，你最强烈的一个心愿是什么，让我帮你实现？"

小男孩冥思苦想一会儿，说："我希望自己能一辈子都快乐。"

仙女来到他身边，俯下身子在他耳边细语了一番，转身走出去不远，冲着小男孩灿然一笑，消失了。

结果正如小男孩所希望的那样，他幸福快乐地度过了一生。在年老的时候，人们都向他询问原因，他就把自己小时候遇到仙女这件事说了出来。人们听后十分羡慕，追问他仙女都对他说了些什么？他微笑着说："仙女告诉我，我身边的任何一个人都需要我的关怀。"

虽然这只是一个童话般的寓言故事，却浅显而深刻地告诉我们这样一个道理：只要你拥有一颗爱心，懂得去关心和爱护他人，你自己也会因此得到快乐和幸福，因为人与人之间的快乐和幸福是可以互相感染的。对于一个孩子来说，如果能从小培养起他的爱心，让他懂得去关心和爱护他人，就会拥有一个多彩而快乐的人生。

善良、同情和爱是每一个孩子都具有的天性，儿童心理学研究表明，一岁时孩子便有了情感上的反应，比如大人在一旁笑，他也会因为受到感染而笑起来。等到两岁的时候，这种情感上的反应会越加变得明显，懂得了如何去安慰别人，比如和自己一起玩耍的伙伴不开心地哭了起来，他便会拿出平时自己很喜欢的东西给对方，还会用小手抚摸对方的头部，对其进行安慰。普遍的情况下，孩子到了五六岁的时候就已经能够应用恰当的语言对伙伴进行安慰了。

可是在现实生活中，我们经常看到或听到的却都是一些孩子缺乏爱心的事例。在放学之后的公交车里，我们经常看到这样的场景：整个车厢里大多都是初高中生打扮的孩子，他们一人坐在一个位置上说笑着、打闹着，在他们身边抱着小孩的妇女不但要艰难地站着，还要不时提防他们飞来的“横脚”；行走在路上迎面走来一个残疾人，不仅不给予帮助，反而大声取笑；在家里吃饭时，一看到餐桌上有自己喜欢吃的菜肴，二话不说伸手就将碟子端到自己眼前，根本不知道应该同家人一起分享……

既然有爱心是孩子的天性，那么为什么在逐渐长大的过程中，他们的爱心反而越来越少了呢？在说明这个问题之前，我想说一件自己亲眼看到的事情，也是在一辆公交车上。那天，车上很多人都在站着，一对母女坐在门口的两个座位上，我也站在他们的旁边。车进站之后，上来一个孕妇。那个女孩很快站起来，准备让座位，身旁的母亲恨恨地瞪了他一眼，一把把她拉回到座位上。孕妇艰难地向后面走去。

从这个事例中我们可以看出，孩子爱心的遗失，跟我们对他们的教育有很大关系。或许不会有第二个母亲会把让座位给孕妇的女儿再拉回去，可在其他方面呢？即使我们没有对孩子的爱心施加过压力，却不能否认至少很少有父母刻意去培养孩子的爱心，这是一个普遍存在的事实，也不容任何人回避，我们在培养孩子爱心的教育上的确并不尽人意。很多家长把对孩子的教育都放在了提高他们能力和知识上面，甚至有的家长认为孩子只要现在有一个好的成绩，就会有一个好的将来，也就能过上快乐幸福的生活，因此便放纵孩子的任性、自私、冷漠、霸道。

我的一个朋友有一个四岁大的儿子，非常喜欢吃苹果，一次正在捧着一个苹果吃，朋友对儿子说他也想吃一口，孩子马上就变得不高兴了，不肯让他咬一口。他故意咬了一小口，儿子马上就不依不饶了，哭着对他发了一通脾气，还逼着他把嘴里的苹果吐出来。朋友为此很伤心，问我本来一个挺可爱的孩子，怎么就变成这样了？

孩子缺乏爱心，以自我为中心，不知道关心他人，对身边的亲人也很冷漠，只懂得索取不懂得付出……这一切都是父母过分溺爱，对孩子爱心的培养和教育不重视的结果。北京市前不久公布了一项对现代儿童生活状况的调查，该调查显示：85%以上的孩子都存在着“唯我独尊”的倾向，只有不到15%的孩子会在父母生病时给予照顾和安慰，在这些孩子里面仅仅只有2%的人主动帮助过家庭之外的其他人。

孩子在生活中“唯我独尊”的倾向，就是孩子以自我为中心的外在表现。现在的孩子大多都是独生子女，从出生开始便被父母放在中心的位置，而孩子一旦习惯了以自我为中心的生活方式，在他们的心中就不会再有他人，只有自己，那时父母再多的给予都被他们看成是理所当然。相反，当自己的利益没有得到满足时，他们就会不顾一切去夺取，包括从自己的亲人和朋友身上。

武汉市的一项调查发现，因为现在的很多孩子存在着极度以自我为中心的心理，从而导致了他们缺乏爱心，这已经成为阻碍他们心理健康发育的拦路石。或许有很大一部分父母并不知道，孩子以自我为中心对他的心理健康发育会有怎样的影响，这是因为这些父母忽略了一个很浅显的道理：你溺爱你的孩子，但并不代表其他人也会溺爱你的孩子，社会这个大环境更不会溺爱你的孩子，而一个以自我为中心的孩子已经习惯了“支配”他人，于是在社会上就会显得心理更脆弱，对挫折的反应更加敏感，可是应对挫折的能力较之于其他人却更为薄弱，因而不能及时地对心理压力进行缓解，以致稍有不顺就难以承受下去，诱发心理方面的问题。

长久以来，家长只注意到了要提高孩子的知识和能力，很小就给孩子设计好了种种要达到的人生目标，强迫他们去学钢琴、练书法、学外语，唯独忽视了对孩子爱心的教育，可正是这个被忽视掉的东西，却对孩子的将来起着举足轻重的作用。试想一个自私自利、漠视他人、只知索取不懂回报且还经不起一点打击的人，谁会愿意同他相处交往，他又如何面对挫折，在社会上立足并发展呢？

孩子爱心的缺乏和以自我为中心的形成，往往与父母不恰当的教育方式有关。帮助孩子走出以自我为中心和爱心缺乏的心理误区，建议父母采用以下的几种教育方式。

首先，改变家庭中的注意焦点。每一对父母都是爱孩子的，只是这份爱要有一个度，只有让孩子养成了独立平等的人格，他们的身心才能得到健康的发展。为了避免孩子爱心的缺乏和以自我为中心现象的形成，父母应有意识地把孩子视为一个与其他家庭成员平等的人，而不是一个备受疼爱、需要特殊照顾的对象。这样的做法一方面会使孩子对自己有一个正确的认识，另一方面也不会忽视别人的存在和感受。

其次，教会孩子换位思考问题。孩子一旦养成了以自我为中心的习惯，就需要父母的引导才能走出去。作为家长，应通过讲故事、做游戏和比喻等手段引导孩子认识他人、理解他人、同情他人，使孩子能够由自己想到别人。比如有朋友带着孩子来家，自己的孩子正在吃水果，让他拿一个给朋友的孩子吃，他不肯，此时就要告诉他，如果你去别的小朋友家玩，人家只顾自己吃东西而不给你吃，你会高兴吗？孩子当然回答不高兴。然后接着对他说，所以我们要给小朋友吃，他才会高兴呀。通过换位思考的方法，可以让孩子体会到他人的感受，进而减少自私的想法，有益于孩子爱心的成长。

最后，让孩子多参加一些集体活动。对孩子的过度保护和封闭，就会使他失去了与别人交往的机会，也使孩子认识不到他人的存在价值。在集体活动中，孩子不但能品尝到成功给自己带来的喜悦，而且能深刻地体验到与他人合作的意义，从而走出以自我为中心的圈子。另外，父母还应该利用节假日多带孩子参加一些公益活动，这能很好地帮助孩子克服以自我为中心的心理，增加孩子对他人的爱心。

感恩让孩子成长

在前几年实施的新课标教材中，小学三年级的课本里出现了这样一篇文章，题目叫《妈妈的账单》，文中讲述了这样的一个故事：一个叫彼得的小男孩给妈妈开出了一份账单，索取他每天帮妈妈做事的报酬；小彼得在自己的餐盘旁看到他想要的报酬的同时，也看到了妈妈写给他的一份账单，这份账单让小彼得感受到了母爱的无私与无价，他惭愧地把索取来的报酬塞进了妈妈的口袋。

那么，妈妈列出的是怎样的一份账单，让小彼得感到惭愧，把自己十分想要得到的报酬又塞进了妈妈的口袋呢？现在我们分别列出母子俩的账单，进行比较：

小彼得的账单如下：

取回生活用品　20芬尼

把挂号件送往邮局　10芬尼

在花园帮助大人干活　20芬尼

彼得一直是个听话的好孩子　10芬尼

共计：60芬尼

小彼得母亲的账单如下：

为在她家里过的十年幸福生活　0芬尼

为他十年中的吃喝　0芬尼

为在他生病时的护理　0芬尼

为他一直有一个慈爱的母亲　0芬尼

共计：0芬尼

从这两份账单中，我们可以清晰地看到一个母亲十年来为儿子的付出，而这一切都是以零计价的。母亲用这样的一种方式无声地告诉小彼得，亲情是无价的。小彼得在看到母亲的这份账单之后，懂得了感恩，知道了母亲一直以来对自己的关心和爱护，也知道了自己所作的一切相较于母亲为自己做的那些来说，简直是微不足道。

感恩的教育，对于现在的孩子很重要。现在的孩子大多是独生子女，不是家里的“小皇帝”就是“小公主”，家里的人都围着他转，要什么给什么，想什么就满足什么，正是生活在这样的一种环境下，淡化了他们的感恩之心，以至于在他们的思维里，认为父母为他们所做的一切都是“应该的”、“理所当然的”，而一旦让他们做一些家务，要么就发脾气、使性子拒绝干活儿，要么就是在干活儿的时候讨价还价。

北京某校初三的学生小明，在学校是一个老师和同学都喜欢的学生，不但学习好，而且还热爱劳动，各个方面都表现得特别出色。可是，一次几个相处很好的同学去他家做客，惊讶地看着小明主人一样坐在沙发上，瓜子皮满地吐，妈妈打扫了一遍又一遍。吃饭的时候，他总是把自己喜欢吃的菜端到自己面前，撒得满桌子都是饭粒，而且饭后从来不洗碗筷。同学问他为什么不做家务，他理直气壮地回答："做家务是妈妈分内的事。"

福建省某报社在母亲节当天，对一所高中毕业班的72名学生进行了调查，其中只有4名同学记得母亲的生日是在哪天。在上海市举行的一次中学生全国作文比赛中，有2700多名学生不约而同地称妈妈为"母老虎""母夜叉"等，这种令人感到十分尴尬的现象，折射出了孩子对感恩的缺乏。

2004年11月，在南京大学的校园里张贴出了这样的一封信，在信中"一位辛酸的父亲"对儿子进行了控诉。这位正在上大学的儿子除了向父母索取之外，从不知道体谅父母的难处，一年里只给家里去过两封信，里面的文字加起来也没有一封电报长，内容只有一个：要钱。这位大学生的家里很困难，母亲早已经下岗了，父亲的工资入不敷出，就是这样为了多要钱他还偷改学费通知。信的最后这样写道："儿啊，你除了增长文化知识和社交阅历之外，是否也应该长一丁点感恩的心？"

孩子感恩之心的淡漠，不仅仅表现在对父母的身上，已经成为了一种普遍的社会现象，对于别人给予的帮助和关心他们理所当然地接受，却从来不知道去回报，甚至连语言上表示感谢之情都不知道。古人说"投之李桃，报之琼瑶"，可现在别人投来了"琼瑶"，却吝啬地连李桃都不回报。

在沈阳有一位叫王儒臣的老人，退休后用自己13年来省吃俭用节省下来的数万元资助了40多名贫困大学生完成了学业。可让老人感到寒心的是，在这些被他救助的学生当中，没有一个向老人表示过感谢，连只语片言都没有。有十几名大学生直到老人寄出的汇款单被退了回来，才知道他们已经毕业了。老人的儿媳悲伤地说：“老人不图别的，就是想看看他们，想得到他们的一点音信，哪怕写来几个字也好啊。”

感恩是一种对他人恩德的感怀，也是一种生活的态度，更是一个人良好品德的表现。一个懂得感恩的人，他的心怀是博大且宽广的，所接触到的世界无处不美好，因此他也将是一个幸福的人。心怀感恩的人虽然也会经受一些挫折，但这就像为了看见那道横贯天空的彩虹，就必须经历一阵子的暴雨一样。

一位从美国归来的博士这样回忆他对美国的印象：“美国人的生活并非如我们想象中那样浪漫，他们大多数人的生活都是严肃和保守的，每一天过的日子都中规中矩，最让人难忘的是他们的感恩文化。”在美国人的集体活动中，不管规模大小，都会有感恩仪式，且这种仪式不流于形式，而是一种发之内心的感怀。

一个人只有懂得感恩之后，才会明白生活的真实意思之所在，才会懂得去关心和爱护别人，自己也才能拥有幸福快乐的一生。幸福快乐并不是一种物质上的享受，而是一种心理上的感知。感恩是一个人对生活的态度，也是良好品德的外在表现，它让人明白这样一个道理：没有一个人所获得的帮助和扶持是理所当然的，一切都是缘于他人有一颗善良而真挚的心灵，因此我们也应怀着感恩去对待帮助和扶持我们的人，用善良和真挚去帮助他人。

孩子的感恩之心，不会自动地出现在孩子的言行举止中，需要父母的培养。现在的孩子之所以会显得没有“人情味”，就是因为他们感恩之心的缺失，而这归根结底是因为我们没有对他们进行必要的感恩教育。为了让孩子能有一个美好的生活和生存前景，父母应该尽早培养孩子的感恩之心。

首先，让孩子亲身感受失去和得到，其中得到应该以失去为前提。比如孩子很喜欢的一件玩具不见了，这时隔壁家的小朋友把捡到的玩具送了回来。在这样的一个过程中，孩子完全体会到了失去的痛苦和得到的欣喜，在有了这种体验之后，孩子便拥有了初步的感恩之心。

其次，培养孩子良好的行为习惯。比如在日常的家庭生活中，分配一些家务给孩子，每天坚持下去，让他在劳动中体会到父母的辛苦。家里有客人来访时，应该让孩子主动与来人打招呼，给客人沏杯茶、拿罐饮料，以使孩子逐渐养成一种对人热情的习惯。

最后，父母应该以身作则，为孩子做出好的表率。榜样的力量是无穷的，尤其是孩子模仿性极强的这个年龄段。前几年我们在电视的广而告之里面经常会看到这样的一组画面：一位母亲端着一盆洗脚水去给婆婆洗脚，当她满脸汗水地回到自己卧室里的时候，小儿子也端着满满的一盆水走了进来，身上湿漉漉的。

第二章
培养孩子的求知心

孩子的成长，不应该只是身体上的，更应该是精神上的。而精神上的成长，来自于知识的积累。

孩子厌学的原因

湖南省的一个心理咨询机构为了了解现在中小学生的学习状况，分别对4所小学和5所中学进行了一次心理测试，在参与测试的万余名学生当中，约有60%的初中生和70%的小学生都存在着“厌学情绪”，对此他们大多数人这样说：“对学习没有兴趣。”

无论大人还是孩子，做任何事情都会有他自己的原因，因此孩子厌学也肯定是有原因的。具体来说，一个孩子厌学就是指他在一段时间内对学校怀有一种惧怕的情绪，甚至无法参与和适应学校的日常生活规律。孩子的这种惧怕在大人看起来似乎是毫无道理的，但孩子却会因此产生出一系列逃避上学的行为。比如以头痛或生病为借口，如果强迫他去上学，他就会又哭又闹，甚至还会用一些过激的行为以示反抗。从医学的角度上讲，孩子的厌学情绪长久积压在心里，可能会因此出现一些生理症状，如头痛、头晕、恶心、昏昏欲睡、没有胃口、心跳过速等。可是孩子如果不去上学而是呆在家里，这些现象就会消失。当父母注意到孩子已经有厌学情绪产生时，首先要弄清楚学校里有什么困扰孩子的问题。

郑娜是一家公司的文员，丈夫在国家的某个机关上班。两人有一个儿子叫小明，正在读小学四年级。不知为什么，最近小明总是逃避去上学，为此找了各种各样的借口，有一次竟然一个人背着书包在大街上转了一整天，要不是班主任老师给家打来电话,郑娜还以为他在学校呢！她把小明叫到自己的面前，问他为什么不去上学？他嗫嚅了半天，说：“不为什么，就是不想到学校去……”听完孩子的回答，郑娜很生气，认为是因为他自己不想去上学。

晚上临睡觉前，丈夫在帮孩子洗澡时，看到他的腿上有一大块紫色的淤肿，在追问之下才知道，前天在上体育课时，一个叫小强的同学让他去给自己买矿泉水，他不想去，小强就在他腿上狠狠地踢了两脚。孩子不愿意去上学，就是害怕再被小强欺负。

郑娜第二天一大早就带着儿子来到了学校，经过一番了解之后才发现，儿子在学校的情况很糟糕：在班里，不管是学习、值日还是参加别的活动，他总是慢慢吞吞的，而且还不时地闹出笑话，因此同学们经常取笑他。对于同学们这样的态度，他每次听后都不生气，只是把头一缩，一点不满的表示都没有。慢慢地，班里就有一些孩子认为他好欺负，在其他同学面前不敢说的话、不敢做的事，到了小明身上就变得无所顾忌了，他因此成了班里的“受气包”。

总体上来说，孩子厌学情绪的产生一般都来自于学校和家庭，而从家庭教育的角度出发，父母有必要追究一下自己对孩子的要求和家庭的文化观念。基本上，家庭环境使孩子产生厌学情绪的原因有以下几种：

1. 父母对孩子的期望值太高。对孩子不能没有期望，这样会使孩子不思进取，或者一遇到困难就打退堂鼓，认为学习太苦而没有了兴趣和动力，随之便是厌学。但如果期望值太高了，孩子心理上所承受的压力就会大大加重，于是不自觉中便在学习与痛苦之间划上了等号。另外，父母的高期望很容易使孩子产生害怕失败的心理，从而导致学习力和上进心的丧失，产生厌学甚至弃学的念头。

2. 孩子缺乏对学习的自觉性。这种情况的出现，一般是由于家长“陪读”造成的。孩子长时间在父母的监护下学习，就会缺乏学习的自主性，就不能够完全独立地去解决遇到的新问题，因此也体会不到解决问题后的那种满足与成功感。如此一来，在孩子的心目中就认为自己学习只是为了让父母满意，试想，在这样的心理下他又如何自觉地去学习呢？

3. 父母把孩子学习的目的定在了将来而不是现在。在很多的家庭中我们都能听到父母这样教育孩子：“你现在不好好学习，将来就不会找得到工作，连自己也养活不了。”殊不知，孩子虽然对未来的生活有一些憧憬，但肯定不会很具体，而且它又那么遥遥无期，想想都觉得没有真实和生动性，又怎么会为此努力学习呢？任何遥远又不可及的想法，在实现的过程中都会让人产生迷茫的心理，而在迷茫的心态下，人是不会有任何作为的。另外，父母这样的定位，会使孩子不能体验到获取知识本身的快乐，却把注意力放在了别人对自己的评价上面。对知识本身没有学习的兴趣，自然便会把学习看作是一件苦差事。

4. 孩子不懂得怎样学习。这类孩子学习时往往注意力不集中，不能把新旧知识联系起来进行应用，不能选择重要内容而抛开不重要的内容，也无法把已学到的知识正确、合理地表达出来。如此一来，面对日益繁重的课业内容，他们自然而然就会产生出厌学的情绪。

5. 严重的家庭问题。孩子生活在一个经常发生纠纷的家庭中，就会显得心事重重，因而没有精力去顾及学习功课。由于安全感的丧失、家庭时刻不停的激烈争吵和气氛的极度紧张，都会使孩子的内心产生出焦虑，进而无法再对学校发生兴趣。

寻找孩子厌学的原因，需要父母走进孩子心理的深处去体会、去理解，不能根据表面浮现出来的一些现象妄下结论，这样不但不能纠正孩子的厌学情绪，反而会收到与我们本身的出发点相反的效果。有时候，或许孩子厌学的原因相对于父母来说会显得很幼稚可笑，但这并不是我们忽视的理由。父母在解决问题的时候，应该多与孩子进行交流，争取能在情感上与孩子产生共鸣，这样有利于纠正孩子的错误想法，引导他们走到热爱学习的道路上来。

让学习有成就感

无论任何一个人，在做一件事情时都希望能得到别人的肯定。孩子对这方面的需求尤其强烈，可以说，从学习中得到的成就感，是一种激励孩子认真学习的强大动力。如果孩子经过努力在学习中取得了进步，获得了成功（如奖状、高分等），他的自尊心就会得到满足，自信心也会因此得到增强，对学习便会更加有兴趣。在学习的过程中，孩子不断得到鼓励和肯定，对学习的信心就会越来越强烈，如此一来，便会形成一个良性的循环，孩子不但不会有厌学的情绪，反而会完全焕发出自己的学习自主性和自觉性，越来越体会到学习的快乐，越来越热爱学习。相反，一个孩子的学习总是不理想，考试时的分数总是被别的同学落在后面，就会逐渐对学习失去兴趣，甚至为此失去继续学习的信心，这样一旦形成恶性循环，孩子便会一步步地走下坡路。因此，让孩子对自己的学习有成就感，能够帮助孩子消除厌学的情绪，有利于孩子学习兴趣的培养，这其中父母的鼓励和积极、肯定的评价显得尤为重要。

有一些父母觉得自己的孩子在学习中没什么可值得表扬的地方，字写得不是很工整、作业有时候也不能按时完成、考试的成绩每次都不能令自己很满意，实际上并不是这样的，每一个孩子都并非一无是处，只是因为家长对孩子的期望、要求过高，而忽略了孩子身上的闪光点。在对一个孩子的学习进行评价时，免不了就会有比较，只是有很多父母在比较的时候总喜欢拿自己孩子的短处比较其他孩子的长处，殊不知，这样的做法不但使家长不能全面地对孩子加以了解和发现，反而挫伤了孩子的自信心和自尊心，使孩子陷入自卑的泥沼。现代家庭教育的理念中，我们不是很提倡比较教育，如果的确需要进行比较的话，也应该把现在的成绩和过去比较，这样一方面能够使孩子在家长的鼓励与学习中体会到进步、成功的乐趣，对学习、对自己充满信心，提高学习的兴趣，另一方面家长也可以及时看到孩子的进步，对孩子充满信心。

对孩子适时的表扬和夸奖，就像我们成年人上班按月领工资一样，如果老是拖欠工资，甚至两三个月不发，不要说高涨的工作积极性和对工作勤奋认真的态度了，十有八九会辞职不干。同样的道理，要想让孩子持续地保持对学习的积极性，就要不断给他们发“工资”。

那么，父母又应该怎样给孩子发“工资”呢？一些父母或许会有这样的想法：孩子每天的吃喝穿用都是我提供的，平时还要给他买玩具，带他去吃麦当劳、肯德基，这难道不是“工资”吗？可孩子会这样认为吗？在他们的心里，这些都是父母应当应分的付出，因为我是你的孩子，你就应该给我这些东西，即使是不上学你也应该给我。基于孩子的这种想法，父母就应该明白，要想激发出孩子对学习的兴趣，就必须使其能够从学习中直接获取，也就是要让他在学习中体会到快乐，觉得有成就感。

许多家长都有这样的一个意识，就是不能对孩子进行表扬，要不然孩子会因此而变得骄傲起来。可是在家长的认识里面，孩子骄傲的表现就是爱说大话，有错也死不承认，报喜不报忧，总喜欢拿自己的成绩同比自己差的同学比较等。殊不知，孩子的这种表现并非是骄傲，而是一种虚荣，最根本的原因还是因为他心里存在自卑。一个真正自信的人是不需要用说大话来显示自己能力的。孩子之所以会有这样的表现，并不是父母过多表扬的结果，恰恰相反，是表扬少了，尤其是恰到好处的表扬。一个已经学得很好的孩子，对他给予过多的表扬，反而容易使其养成妄自尊大的毛病，不利于他的成长；一个学习不怎么好的孩子，对学习和对自己的信心本来就在逐渐丧失，再得不到表扬，他会很容易因此而自卑。当然，无论怎样的一个孩子，对他的表扬都要适当，而且要表扬到点子上。

还有一些家长也知道孩子需要表扬，只是令他们苦恼的是孩子面对表扬时的态度，正如一位家长对我如此说道："不知为什么，我的孩子好像不喜欢我表扬他？我刚开始表扬，他就用一种很异样的眼神看我，仿佛在告诉我他早已识破了我的机关。" 这类家长的错误之处就在于把表扬权术化了，也就是单纯地把表扬当成了计策。我们对一个人的表扬只有发自肺腑、出于真心才能使对方接受，孩子也不例外。只有像欣赏一位朋友那样，对孩子进行由衷地赞美，才可以调动起孩子对学习的积极性。你把对孩子的表扬当成鱼钩，只是为了钓出孩子考试的高分，这种有点像圈套的表扬，孩子当然会不高兴，不买你的账。另外，在表扬孩子的时候，不一定非要摆出一副赞美的架势，而且还是一套固定的模式，这样很容易让孩子厌烦，尤其是处在叛逆期的孩子。

让孩子在学习中体会到成就感，是激发他们学习兴趣的有效途径，可为此而进行的表扬要适当，更要讲究方式和方法。为了能让孩子以一份快乐的心情去学习，父母应该在以下几点的基础上来强化孩子的成就感。

1. 让孩子体验到学习得到认可后的快乐。

孩子有这样的一种心理，就是每当自己取得一些成绩时，很在意别人对此的评价，也就是说，孩子一般都是根据别人的评价来认识自己的。一个在学习中只有失败经历的孩子，他就体验不到成功的快乐，因此也就不会去努力学习。对于一个很少能按时完成作业的孩子，家长应该先让他做几道容易的题目，当他把这些轻而易举地完成之后，再适当对作业的难度加以调整。家长还要明白，自己的孩子学习不好，并不是因为孩子不够聪明，更不要借此对孩子横加指责，家长应该从学习态度、意志力等方面去寻找原因，然后再对孩子进行合理的引导。

2. 鼓励孩子自我激励。

如果孩子能够经常对自己进行激励和鞭策，他便能在很大程度上避免在学业上的失败感。首先应该在取得孩子的统一之后，帮助他树立一个自我激励的目标；其次要让孩子学会自我心理暗示，对自己经常说一些激励的话，如“我行，我一定会成功”；最后就是通过行动让孩子摆脱消极的情绪。

3. 指导孩子正确的学习方法。

父母在对孩子进行辅导时，不要替代孩子学习，这样容易养成孩子依赖的心理和遇事退缩的习惯。辅导孩子的目的，就是为了他们以后再遇到类似的题目时，自己能够解答，因此教给孩子正确的学习方法比什么都重要。

培养孩子阅读的习惯

英国教育家洛克曾经说过："一切教育都要归结于养成儿童良好的习惯。" 相对于培养孩子的求知欲来说，首先第一步就是要让孩子养成阅读的习惯。我国自从实施素质教育以来，孩子的负担相对减轻了不少，课业并不是很多，完全有充裕的时间用来阅读。

在教育中我们一致认为，孩子的心灵是一个空荡的容器，大人给什么他就装什么。给他可乐，他就会喜欢上碳酸饮料那充满气泡的轻快；给他果汁，他就会在缤纷的色彩里感受大自然的魅力；给他书籍，他就会插上求知的翅膀，穿越古今，遨游在知识的殿堂里。只是在这里需要强调的一点是，最初在培养孩子的阅读能力时，应该是一种养成性培养，家长不应该把着眼点放在他获得多少知识、认识多少字上面，而应该放在他是否养成了阅读的习惯。为什么这样说呢？一旦孩子对阅读产生兴趣，养成了阅读的习惯，便会一有时间就拿出书来津津有味地看，时间长了，读书就会像吃饭和睡觉一样成为生活中一部分内容，而书籍也会成为孩子们最知心的朋友，这样一个好的习惯，将会伴随孩子的终生，使他受益无穷。

孩子最初的求知欲表现在好奇心上，他们对周围的许多事物感到新鲜，喜欢去看、去摆弄。此时如果家长引导得法，就可以把孩子的好奇心上升为求知欲，使他们的学习兴趣就油然而生，逐渐养成勤思考、肯动脑筋的好习惯。当然，孩子若要养成这种习惯，父母在里面所起的作用是决定性的。

首先，由于孩子是最擅长模仿的，所以为了让孩子形成阅读的习惯，家长首先要爱看书。当孩子看到父母在津津有味地看书时，他们也就会特想知道书中到底有什么吸引人的地方。如此一来，孩子的好奇心就被激发了出来，家长引导起来也就容易得多了。家长是孩子的第一任老师，家长的言传身教、行为举止对孩子能起到一种无形的示范作用，这种作用对孩子的影响是深远的。

其次，孩子对知识往往会表现出很大的随意性，今天可能对这个特别喜爱，明天却又对那个非常热衷，再过两天也许对什么都不再感兴趣了。

所以，此时家长就应该让孩子体会到知识的作用，也就是使孩子的求知欲具有持续性。家长应该在掌握了孩子学过哪些知识之后，在与孩子的日常交流中，设法把这些知识运用进去。记得儿子在四年级时，非缠着我要学下象棋，我就先让他解释一下为什么棋盘中间会有“楚河汉界”四个字。他冥思苦想半天，也没想出个所以然来。我就提醒他说：“你不是看过楚汉相争的故事吗？”他若有所悟。接着，我便告诉他，韩信在领兵打仗的时候，经常在战争的空隙通过象棋教授士兵如何排演阵形、阵法。

从此以后，儿子在迷上了象棋的同时，更迷上了历史书籍。后来在高考的时候，他一篇带有古文性质的作文获得了满分，被北京大学中文系录取。所以家长应该留心在孩子身边发生的各种事情，尽量用孩子知道但不是很清楚的知识向他解释。当孩子体会到知识的作用后，往往便会激发他阅读的兴趣。

最后，把学和玩有机地结合起来。孩子由于年纪还小，所以还不能领会到苦与乐的辩证关系，对于他们来说，学习是件苦差事，而玩耍却是一件快乐的事情，所以就会本能地躲避学习，而乐于玩耍。这种情况在孩子身上有不同程度的体现，一般来说，年龄大些的孩子自制能力会强些，对家长严厉的要求或许能有所理解。

年龄小的孩子，一旦家长要求严格，他们就会对学习产生惧怕心理。对此，家长一方面可以在教孩子的过程中，适当地运用一些近似于游戏的方法。比如用一个字来和孩子比赛组词，或和孩子比赛被古诗；另一方面，家长也可以在孩子玩的时候，适当地引导他玩一些知识性的内容。比如，当孩子在屋子里无意义地乱跑、乱叫时，可以建议他们来个数数游戏、唱歌比赛等，孩子往往玩得很快乐，知识学得也会很快。

对于习惯的重要性，法国作家罗曼·罗兰如此说：“人们常觉得准备的阶段是在浪费时间，只有当机会真正来临，而自己没有能力把握的时候，才觉悟自己平时没有准备才是浪费了时间。”

所以，为了孩子能有一个好的学习习惯，进而有一个利于他人生发展的性格，家长应努力培养孩子形成阅读的习惯，这是他们获得广博知识的第一步。培养孩子的阅读习惯，过多地接触文学作品，可以让他们从中获得自然、社会生活等方面的知识，发展观察、思维、想象和叙述等方面的能力。

减少功利性阅读

安徽省针对青少年阅读进行了一次最新的调查：在5638名青少年中，发现有60%以上的学生认为读书主要是由于学习的需要。另有一项针对上海部分小学高年级学生的调查，通过该调查发现：43%的孩子不能各自写出一位中国和外国著名作家的名字，有5%表示知道的孩子却在试卷上填写出了牛顿、爱因斯坦、袁隆平，那些填写正确的孩子，也只不过是从课本上知道的，并不是通过自己的阅读了解到的……

这一切，都是功利性阅读带来的弊端。那么，什么是功利性阅读呢？功利性阅读就是指带有很强目的性的一种阅读方式，对于孩子来说，就是为了作业、考试、写论文而进行的阅读。一般来说，这样的一种阅读方式也有它的益处。当孩子带着很强的目的性进行阅读时，相对而言会节省一些时间，且能够在较短时间内记住一些有用的东西。可另一方面，由于在进行功利性阅读时带着很强的目的性，孩子往往会直奔主题，从而忽略了对其他内容的掌握和记忆，这很不利于孩子知识面的扩展。同时，由于孩子只是机械性地在书本上摘录对他有用的内容，过程中根本就不会产生读书的乐趣，慢慢发展下去，就会造成对读书这一行为的怨恨。这种情况会引发出两种结果，就是在孩子长大成人之后，要么因受此影响而对“快餐式”的阅读方式情有独钟，要么就干脆远离书籍。

随着时代的进一步发展，每一个人接受的都将是终身教育，而阅读是教育的根本，所谓的终身教育，最终还是要靠不断读书来维持的，因此远离书籍对孩子成年之后的发展是百害而无一利的。那么，“快餐式”的阅读方式对孩子又有怎样的弊端呢？随着电子出版物特别是网上读书的风行，已经有越来越多的孩子喜欢上了图像阅读的方式，而不再习惯在一种淡泊的书香氛围中阅读经典名著，这样就难免会减少思想的过程，让阅读兴趣走向浅层化、感性化，从而束缚了孩子因读书而产生出的丰富想象，同时对理性思维习惯的养成也非常不利。

阅读本来是一个长期积累的过程，不管是阅读习惯的形成、知识的积淀还是思维能力的成熟，都不会是一个立竿见影的过程。而功利性阅读却严重破坏了这一规律，它让孩子只注重对自己当下有用的东西，消除了读书应有的乐趣，而且在很大范围内也局限了孩子阅读面的深度和广度，不利于孩子综合能力的提高。一项针对中美儿童的阅读调查显示，中国儿童能够独立阅读的年龄，比美国儿童晚了4年，同时阅读量也仅是美国儿童的1/6。

近年来，有关人士针对我国的教育现状发出了这样的感慨：我们培养出了很多大学生，不少人没有素质，可见素质教育比拿一个本科毕业证更重要。本来大学毕业之后，经过那么多年的文化熏陶，大学生应该是最知书达理的人才对，为什么会出现这样的情况呢？这都是应试教育带来的负面影响。在很多学校都会出现这样的情况，每当考试前夕，老师都会捧着课本给学生划一些重点内容出来，要想考试得高分，只要把这些内容死记硬背下来就行了。长期这样发展下来便使孩子成为高分低能的人，图书的阅读量和文化积累程度更是几乎等于零。一个人的文化修养水平决定了他素质的高低，试想在这样的一种情形下孩子的素质又如何能提高呢？

我在一次讲座上谈到孩子的功利性阅读时，有不少家长提出了这样的看法：带着目的性去阅读，可以排除书中其他无关内容的打扰，节省时间，这对孩子参加工作以后不是很有帮助吗？在此我需要重申的是，父母现在所做的一切，都是为了孩子日后的发展，为了让孩子有一个美好的将来，这就如同盖楼房一样，楼盖得越高地基就要打得越深越牢固，而一个人的文化底蕴和素养也就如同楼房的地基。孩子正处于一个发展成长的阶段，在较好地完成学习任务之后，应该让他们更多地对书籍进行涉猎，毕竟触类旁通、举一反三的能力谁都愿意具备，学识渊博、谈吐不俗每个人都羡慕。那么，父母应该让孩子阅读哪些方面的书籍呢？

一个人文化素养的高低在很大程度上同阅读经典的数量有关，因此对经典书籍的阅读应当是我们阅读的基础。虽然不同专业、不同门类都拥有各自的经典，但作为家长，特别是正在读小学或初中孩子的家长，不应该区分什么专业。对于孩子来说，阅读也不应该只是为了考试和升学，而应该成为日常生活中的一个内容、一种兴趣或者一种消遣方式，因此不应被特定的目标和范围所局限。比如说“科学怪人”霍金的《时间简史》虽然属于自然科学，但这本书的影响却远远超出了自然科学的范围。在西方的一些国家里，没有读过《时间简史》的人甚至会被认为是没受过教育。还有法布尔的《昆虫记》也是科普读物中的经典了，连小学语文课本都选录了，这些书都应该推荐给孩子读，另外像一些国内外文学的经典读物，也应该让孩子阅读一些，这样不但可以增长他的阅历，对他良好性格的形成也有很大帮助。

另外，还应该加强日常阅读。对于日常阅读父母不应该独断地做出品位高低之分，应该视孩子自己的情况而定，让它成为孩子自我调节的一种方式。无论孩子在有兴趣和精力时读专业性强的书还是翻看一些通俗读物，父母都不要带着功利性去强加干涉。一般说来，日常阅读的最主要目的就是为了让孩子能养成阅读的习惯，而带有功利性的阅读会在阅读的过程中给孩子一种痛苦的体验，如此又怎么能让孩子养成习惯呢？

善待孩子的提问

父母带着孩子去郊外野游，孩子突然问：“蝴蝶飞的时候为什么没有声音，而蜜蜂飞的时候却发出嗡嗡的声音呢？”对于这个问题，父母大致上可能会有四种不同的回答。第一类父母会马上显露出不耐烦的神情，训斥孩子说：“你一天到晚都在想些什么，哪儿来这么多问题？一边玩去。”第二类父母对于孩子提出的这个问题并没有引起足够的重视，只是很漫不经心地告诉孩子：“蝴蝶、蜜蜂天生就不一样。”第三类父母较之前两类父母对孩子提出的问题很重视，于是便把原因一字一句地告诉孩子：“蝴蝶扇动翅膀的频率慢，所以没声音；蜜蜂扇动翅膀的频率快，所以有声音。”第四类父母会拿出一张纸条来，先让孩子慢慢抖动这张纸条，没有声音，然后再快速抖动纸条，发出哗哗的声音。在此基础上再让孩子思考蝴蝶、蜜蜂扇动翅膀和纸条抖动之间的关系，经过家长的指导和孩子的思考，孩子便会得出以下的结论：因为蝴蝶的翅膀扇动得慢，所以不会发出声音，蜜蜂的翅膀扇动得快，所以才会发出嗡嗡的声音。

这四类父母对于孩子提出问题的回答，分别代表了四种完全不同的教育方法，其教育的结果也必将是完全不同的：第一类父母不理睬孩子的问题，反而用一种不耐烦的态度来对待，长此以往发展下去，孩子遇到什么不明白或不理解的事情便不会再有提问的欲望，从而极大地抹杀掉了孩子的求知欲望，创造性思维也被扼杀在萌芽状态了；第二类父母很随意的回答，会使孩子养成遇到什么事都不求甚解的习惯，对问题只知其一不知其二，却没有继续探求的兴趣。用通俗的话讲，在父母的这种教育方法下，孩子大多数会成为“半瓶醋”；第三类父母很注意把正确的知识教给孩子，但却忽视了孩子的年龄。这个看似很正确的回答，细想起来不禁让人啼笑皆非，庄子说：“朝菌不可语日”，因为在太阳还没升起来的时候它已经死了，从来没见过太阳，又怎么会知道太阳是什么样的呢？同样的道理，试想一个小孩子又如何会懂得频率是什么意思呢？这种教育方法很容易使孩子对知识产生出畏惧情绪，进而不愿意学习；第四类父母通过让孩子亲手实验这种方法，不但满足了孩子对知识的渴求，而且还使他们懂得了如何触类旁通地去获得知识，进一步培养了孩子自主探究知识的能力。

当孩子遇到某些不理解或不明白的事物时提出的每一个问题，就如同一粒石子投进他的脑海中，立刻打破了他内心的平静，激起层层波澜。这是因为他对此萌生了好奇心，对这件事物有更进一步了解的想法，如果此时父母能给与足够的重视，同时加以合理的引导和启发，这将大大增强孩子的求知欲。而如果此时予以否定性的表态，那样不但令孩子感到扫兴，同时也堵截了孩子的思路，泯灭了他对求知的兴趣和欲望。

在我国传统的教育观念里，一直认为“教”就是大人提出问题，孩子来回答，从来不是很注重培养孩子自主探究知识的能力，这也就是为什么孩子“谈学习色变”的原因之一。

曾经有一位幼儿园老师向我诉苦，说他也知道应该好好对待孩子的提问，可现在的孩子脑袋里总有太多乱七八糟的想法和问题，每每让他头疼不已，例如在一个炎夏的午后，天气闷热极了，窗外不一会儿就下起大雨来。孩子们围坐在窗前兴致勃勃地指点着。一个孩子突然叫了起来：“老师，你快过来看，好多泡泡，一个、两个……”孩子们的目光都被吸引了过去。原来刚才还很干燥的泥土上现在冒出了一个一个的水泡，随后又一个一个地爆裂开来。这一发现让孩子们兴奋不已。一个孩子走过来拉住他的手，问：“老师，土里为什么会长出那么多的泡泡？”他说那是因为泥土里有氧气的缘故。可这样的回答显然不能令孩子们满意，马上就有孩子问氧气不是在空气里吗，怎么泥土里也要？他当时就愣在了那里，不知道该怎么回答。还有一次，这位老师根据一个智力故事问孩子们，如果一个皮球掉到了树洞里怎么办？有的孩子说用手捞，有的孩子说用棍子捅，有一个孩子说用水灌，水满了皮球也就浮上来了。他正准备对这个孩子进行表扬时，马上就有孩子举手反对，说树洞要是漏水皮球还怎么能浮得上来？

很多父母在和孩子相处的过程中，也都会有这样的经历：孩子头脑里那些不着边际、天马行空的问题常常会让他们大人感到无所适从，不知道怎么回答才好。其实出现这种情况的原因，大多是很多父母在教育孩子时老爱扮演无所不知的角色。要知道，每个人思考问题的角度和出发点是不同的，家长也不例外。如果我们把自己放到和孩子平等的地位，带领孩子共同去思考和探究，共同去翻阅相关的书籍，即便最后并没有把孩子的问题解决掉也不要紧。记住，我们是善待孩子的提问，并不一定非要告诉他正确的答案，而是为了让他养成遇事勤思考的习惯，并学会自己主动去探究知识。

家庭教育中，父母应该妥善解决孩子的每一次提问，因为这是孩子求知欲的主要表现，千万不能采取消极对待的态度，比如说："先到一边玩去，没看到我正在忙吗？"更不能无礼反驳，比如说："你怎么这么傻，这样的问题还来问我？"否则，必然对孩子的求知欲带来很大的伤害，时间一长，孩子对知识也将逐渐失去兴趣。孩子提出的问题，有的很浅，有的较深，有的特显无知，有的很富有想象力。在对待这些问题时，家长应该尽可能地正面回答，如果有时间，还应把它与孩子已掌握的知识或喜爱的事物联系起来。妥善解决孩子的每一次提问，尽最大努力给出令他们满意的答案，就是对孩子求知欲最直接的保护。

那么，当孩子提出问题时，家长该怎么办才能做到妥善对待呢？以下三点意见，可以作为参考。

1. 不要将正确的答案直接灌输给孩子；

2. 引导孩子为找出问题的答案而努力，并在答问的过程中让孩子积极地进行思考；

3. 引导孩子通过观察、动手、动脑、探索得到正确的答案。

让孩子远离校园暴力

长期以来，人们都觉得校园是一块净土，很难想象这里面也存在着类似于黑社会性质的“帮派”。可近年来，随着校园暴力事件的频繁发生，越来越多的人开始关注这一问题。对此，一所职业学院学生处的负责人说：“校园暴力，哪个学校都有，只是程度不同而已。”他还说一直存在着老生打新生的现象。学校也知道这不正常，可对于犯了错的孩子体罚不能，罚款不行，教育不听，只能尽可能深入地加强法制德育教育，加大监督监管力度，但不敢保证校园无一例暴力事件发生。当然，校园的暴力也有很强的隐蔽性，这给学校的管理带来了很大的难度。那么，家长该如何让自己的孩子远离校园暴力呢？

1.使孩子敢于向大人求助

孩子在面临校园暴力侵害时，更多地是选择忍气吞声。他们认为告诉父母就显得在学校“混得不好”，如果父母知道自己在学校被欺负而又无力反抗，这使孩子在面子上会觉得很难堪。因此，在面临欺辱的时候，很多孩子都会选择沉默。

在这种心理之下，父母要想让孩子避免校园暴力的伤害，就要鼓励孩子及时向父母求助，让孩子明白，求助也是一种自我保护的能力，而并不是一个人懦弱的表现。父母要给予孩子足够的信任，让孩子相信，大人能彻底处理好他与对方的冲突。家长得知事实后，是采取息事宁人的态度？还是直接到校找到暴力对方？还是直接找对方家长理论？这会让孩子更担心自己的处境，孩子就不会向父母求助了。若孩子已遭受校园暴力，家长需帮助孩子排除心理阴影，并保护他免于再度受到伤害。家长需根据孩子的状况，给予孩子情感支持，让孩子认识求助的重要性。

2.教会孩子如何主动避免校园暴力

父母要有意识地增强孩子避免校园暴力侵害的能力。提醒孩子尽量不要一个人出现在僻静的地方，要去也要和同学相伴而行。例如：楼梯间、厕所、操场角落等处，不给校园暴力者有可乘之机；在孩子所穿的衣服及使用的物品上，如果是昂贵名牌，要教导孩子不要随处炫耀，因为这种招摇的举动，往往会成为校园暴力者攻击的目标；培养孩子应对突发事件的能力，若遇校园暴力，让孩子有一种勇敢不畏惧的姿态，让施暴者产生畏惧。

3.给孩子安全感

一个能规避校园暴力的孩子，他一定也是一个安全感十足的孩子。那么，家长如何帮助孩子建立在学校的安全感呢？首先给孩子提供一个安全、稳定的学校环境。比如，孩子在学样遇到困难向父母求助时，父母能及时到校并给予妥善处理。父母要让孩子知道哪些事情可以做，哪些事情不能做，使他们知道如何遵循做人的准则做事。孩子懂得自己行为的自由和限制，才能获得真正的安全感。孩子有了安全感，他在学校里生活得才会更踏实。

4.对孩子如何多加关注

父母对孩子的学校生活有了关注，孩子在心理上就会觉得多一份支持，这样就会提高应对校园暴力的能力，因此，父母要对孩子多加关注。比如，孩子身体有不明伤痕、对校园的事情言辞闪烁、拒绝上课等异常的行为，家长应给予关心，并试探询问校园近况，这样能防止校园暴力的进一步升级；再一个就是和老师保持联系，定期用电话询问孩子的近况，建立亲师沟通管道，一旦发现孩子行为改变能及早处理；和孩子相处较不错的同学及其家长熟悉，并保持密切联系，这样可能通过其他人，了解孩子在校园中的情况。

第三章
给孩子一个快乐的家庭

家庭，无疑是孩子生活的土壤，父母也很希望他们能在这里茁壮成长。只是我们是否注意到，对于家庭这块土壤来说，没有快乐，是十分贫瘠的。

“冷暴力”对孩子的危害

近年来，有关教育人士通过走访和调查研究发现，在很多家庭的教育中都存在着“冷暴力”，父母在教育子女时经常在言语和行为上对孩子施暴，诸如“你怎么这么笨啊，你看看别人家的小孩子多聪明。”“如果下次考试再不及格的话，你就别进这个家门！”“都跟你说过多少遍了，你怎么就不长记性？”“我已经对你失望透顶了，你爱怎么办就怎么办吧！”

没有了棍棒的挥舞，但嘲讽、恐吓的语言仍会像一把把锋利的匕首一样刺进孩子弱小的心灵，使他们深陷进自卑、自责的心理泥沼里不能自拔，以至于一些孩子在长大成人之后还深受其害。南京大学心理健康与研究中心的费俊峰副教授对此痛心疾首地说：“对于孩子，‘冷暴力’给他们身心带来的伤害更大，隐蔽性也更强，许多孩子因此落下了‘病根’，甚至十多年后也未必能驱散这个阴影。”

一位20多岁的大学生来到了心理咨询中心，向心理咨询师倾诉自己的烦恼。他说自己患有严重的自卑心理，平时不知道怎么与同学相处，心里总是有莫名的焦虑症状，上课的时候也无法集中精神去听讲。比这些更可怕的是，由于长期过着“离群索居”的日子，他的脾气越来越暴躁，已出现了明显的暴力倾向。在心理咨询师一系列的疏导和调理下，这位大学生透露了实情。原来他的父母望子成龙心切，在很小的时候就在他的肩膀上不停地压担子，动不动就大嗓门地喝呼他，就是在这样的家庭氛围之下，他变得越来越沉默，越来越不自信。虽然现在他也想改变这种情况，可心里总觉得有阴影，耳边总有挥之不去的喝骂声。

有一个学生，在一次和我私下交谈的时候说起了自己的小时候，他说自己的母亲每天几乎都要批评他，不是那些事做得不对，就是告诉他某件事该如何做——试想一下，作为成年人的我们在工作时被领导批评了一句，心里往往都受不了，每天这么多的批评孩子又如何能承受呢？

从心理学的角度来说，家庭教育中的“冷暴力”对孩子其实是一种精神上的虐待。“冷暴力”一般有以下三种常见形式：父母对孩子采取不搭理的态度，漠视孩子的存在。在一些家庭中，父母整天沉湎于赌博，对孩子的生活和学习根本不关心。还有另一些家长因为孩子的某些言行没有符合他们的要求，就采用漠视的态度作为对孩子的惩罚；父母批评过度，甚至对孩子全盘否定。造成这种结果的原因往往是因为父母对孩子的期望值太高，一厢情愿地希望自己的孩子能越来越好，可孩子总是显得力不从心；对孩子进行威胁和恐吓，这样的现象较之前两者更为常见，例如当孩子的考试成绩不理想时，很多父母就会有这样的言语：“考不了满分你就别给我出去玩！”“再要考这么几分，就滚出家门！”

江苏省有关部门曾对全省4000多名中学生进行过一次调查，经过调查后发现，有过一半的家庭都存在着“冷暴力”，其中有17.2%的家长对孩子采取不理不睬的态度，有8.2%的家长对孩子进行嘲讽和挖苦，有28.1%的家长当对孩子不满意时便会进行威胁和恐吓。从调查中我们还可以看出，“冷暴力”对小学生等儿童带来的伤害是最大的，因为处在这个时期的孩子心理发育尚未成熟，另外他们对父母还怀有崇拜的心理，因此父母不经意间的一句话都会被孩子看得很严重。此时，如果父母“冷暴力”的教育方式，很容易让孩子患上自卑或自闭症。

近年来，校园里的“冷暴力”也越来越受到人们的关注，有些老师对于那些学习不好又调皮贪玩的孩子往往会采取一种放任自流的态度，就是既不打也不骂，只是把他们的座位调到最后一排，上课时很少把他们叫起来提问，仿佛他们根本不存在似的。另外，还有些老师习惯以一种高高在上的姿态站在孩子面前，对孩子声色俱厉，往往把教育变成了教训。

家庭中的“冷暴力”对孩子究竟会造成什么样的影响呢？有关专家认为，“冷暴力”会潜移默化地影响到孩子性格的成长，可能会导致孩子有退缩性人格或性格暴躁，富有攻击性。所谓退缩性人格就是指孩子长期不自信，有浓厚的自卑感，不敢与人交流。性格暴躁的孩子，他的内心就会充满“攻击性”，变得偏激、狭隘，容不得不同意见，对他人和社会在言行上可能会采取过激行为。

国外的一些国家在如何教育孩子方面就有很多值得我们借鉴的地方。比如他们在面对孩子时大都会很温和，说话时的语气也包含着尊重的成分。当孩子去做一件事情时，只要努力了，即使结果不是很理想，也是鼓励大大超过指责，总是不断以“你做得很不错”、“非常好”之类的语言来激励孩子。

如果在对孩子的教育中想取得好的效果，就必须多关注孩子的情感需求。“多和孩子沟通，用关爱的语言代替嘲讽和威胁，孩子的成长会超乎我们的想象。”

单亲家庭快乐的构建

婚姻的不幸对于夫妻双方来说，可能是一种万劫不复的痛苦，但离异家庭的孩子所受到的身心上的创伤，远比离异父母感知到的更为严重，而且这样的伤害一旦形成，无法弥补。

父母离异后，孩子不论是跟父亲还是跟母亲在一起生活，都将失去另一个亲人对他的呵护和抚养。缺少父爱或母爱，对于孩子都是一种先天性的残缺。中科院心理研究所的王极盛教授认为，单亲父亲和单亲母亲对子女的教育方式不一样，对子女性格形成产生的影响就会不一样。单亲父亲的教育方式大多以严厉惩罚型居多，所以生长在单亲父亲家庭中的孩子容易形成暴躁性格，易酿成暴力事件；生长在单亲母亲家庭中的孩子由于母亲常常过分保护，过分干涉，过分溺爱，容易造成孩子性格自卑、任性、适应力差。

因此，生活在单亲家庭里的孩子一般在性格上都会存在着缺陷，集中表现在两个方面：一是自卑、嫉妒心强；二是存在“破罐子破摔”的心理，有这种心理的孩子往往会显得很暴躁，有的甚至表现得很残忍。还有的孩子存在双重心理，在家一被训就低下头默不作声，一副唯唯诺诺的样子，可来到外面却完全是另一副样子，总是把家里受到的气撒在弱小者的身上，有时会表现得很暴躁凶狠。

有些离异后的父母很快认识到了这一问题的严重性，选择再次走入围城，好给孩子一个完整的家，让孩子因此得到另一半的爱，能够健康快乐地成长。但是这并不能真正从根本上解决问题。从全国妇联的一些统计表中我们很容易就可以看出：事实上许多因为孩子而盲目再婚的家庭，生活过得也并不幸福。情形恰恰相反，孩子在这样的家庭里长大，不但没有形成开朗活泼的性格，反而大多数会出现孤僻、内向、自卑、自恋以及性倒错等心理倾向或心理疾病，留下永远难以磨灭的缺陷。

既然如此，作为一个单亲家庭里的孩子，父亲和母亲应该怎样为孩子构建一个快乐的家庭环境呢？

给孩子足够的爱，对于他身上的优点、亮点要经常竖起你的大拇指给予肯定和赞扬，也就是"无条件接纳孩子的优点"，多一些"表扬、鼓励、肯定和赏识"。另外，对于孩子身上的缺点也要做到无条件的包容，以一颗爱心去面对孩子的错误，尽量要去理解孩子做这件事情的初衷是什么，不要根据自己以往的经验就武断地否定孩子的行为。处在单亲家庭中的孩子往往在行事方法上会显得偏激，但他们的出发点是好的。在这里要说明的一点是，给孩子足够的爱也就是给孩子足够的理解，并不是无条件地姑息孩子的一切错误和缺点。在很多单亲家庭中，由于孩子所随一方的父亲或母亲往往怀着对孩子有所迁就的心理，于是就想通过弥补的方式来偿还孩子父爱或母爱的不足，希望孩子能因此得到健康的成长。但这样做的结果往往只能是事与愿违，换来的结果大多都是孩子加倍的娇横、任性，甚至越来越在父母面前霸道，或更加孤僻。

在西方的一些国家里，离异之后的夫妻首先会在孩子的头脑里注入这样的一种观念：离婚只是父母两个人的事，每个人都有追求幸福的权利，他们这样做的目的只是为了追求属于自己的幸福，和孩子无关，他们还是爱孩子的。不要轻视这种思想上的灌输，它会进一步使孩子在头脑里形成独立的念头，从而减轻给他们带来的伤害。其实在西方国家里，父母在孩子年纪很小的时候就告诉他们，“你必须学会自己保护自己，自己照顾自己！”孩子的独立性增强了，对父母的依赖性相对就会减弱。

在离异之后，不与孩子生活在一起的一方要时常去探望孩子，让孩子觉得自己并没有被抛弃，虽然现在不能住在一起了，但还是像以往一样爱着自己。很多父母在探望孩子的时候，因为心里怀着对孩子的愧疚，又觉得很长时间没和孩子见面了，一见面就带着去麦当劳、肯德基大吃一顿，或者去玩具、礼品店大肆花钱，以此作为弥补。其实这样的做法是完全错误的，孩子更需要贴心的交谈，而且年龄越大越是如此。所以在见面之后，应该多询问孩子些生活上的事情，比如问问他每天的生活是怎么过的，学校里有哪些开心的事发生等。在这个基础上，更要注意和孩子在思想上、精神上的交流。只是在交谈中一定要注意到的是，不要在语言上攻击他的母亲（父亲），这会使孩子因偏听而忌恨父母中的一方，而且在这种互相诋毁环境中长大的孩子，潜移默化中就会形成性格上的冷漠，认为人世间是不存在真情的，因为连父母都在勾心斗角，人与人之间又怎么会有友爱可言？因此他会用一种冷酷的眼睛观察这个世界，缺乏相应的善良和爱心，更有甚者因此仇恨社会，走上违法犯罪的道路。

单亲家庭里的孩子就像一株开放在角落里的花，如果不让他得到阳光的充足照射，日后结出的果实也将是苦涩的，而让他得到阳光照射的方法，就是驱赶走笼罩在他心理上的阴翳。在我国，受传统思想和道德观念的束缚，单亲家庭的孩子在学校和社会上或多或少都会受到一定的歧视，比如被同学称为“没妈妈（爸爸）的孩子”，人们背地里的议论或偶尔投过来的诡异眼神，都会在孩子的心里造成伤害，进而在精神上造成过度敏感的缺陷。为此，父母中和孩子生活在一起的一方，平时就要帮孩子建立起自信自立自强的观念，打掉自卑的心理。具体方法除了对孩子多方面进行疏导之外，还可以教给他一些自我心理调节的方法。比如在语言上对自我进行暗示，让他在心里常常默念“心平气和”这类的话，或在笔记本上写上“制怒”等词。还可以做一些动作，来缓解因紧张而带来的压力，如可以试试心情烦躁时把口张开，舌头卷起顺时针转10圈，再逆时针转10圈等。

家庭生活中遇到一些事情时，即便在心里你已经有解决的办法，也要把它摆在桌面上，听听孩子对这件事情的看法，并对他提出的意见加以重视。这种把孩子当成一个大人来看待的做法，会使他有一种被认可的感觉，从而在心里也把自己定义为一个大人，既然已经是一个大人了，就理应能够坦然面对遭遇到的一切挫折。如此一来，父母离异的事情就会在他们的心里进一步被淡化。

良好家庭氛围的营造

苏霍姆林斯基是著名的教育家，对于学校教育和家庭教育他曾有过这样的论述："只有学校教育而没有家庭教育，或者只有家庭教育而无学校教育，都不能完成培养人这一极其艰巨而复杂的任务。"学校虽然是专门的教育机构，是学生接受知识的主要场所，可它也有自己的弊端，就是因为学生众多，教育不可能面面俱到。因此，家庭教育作为整个教育体系的一个重要组成部分，其作用越来越被受到人们的重视。一个好的家庭环境，可以让孩子拥有一份良好的心态，坦然面对生活中的各种不顺，保证孩子健康地成长。身为父母的我们，不论从事何种职业，不论家庭是何种的生活水平，不论在外面遇到了多大的麻烦和困扰，当回到家面对孩子时，都应该努力创造出一个民主和谐、健康文明的家庭环境。

老话说"龙生龙、凤生凤，老鼠的孩子会打洞"，其实孩子在初来到这个世界上的时候，并不会因为父母是龙凤自己也就是龙凤，之所以在日后他会成为龙凤，很大一部分原因是在成长的过程中模仿父母言行的结果。就像战国时期的赵括，如果他的父亲赵奢不是一位著名的军事将领，而是一个大字也不认识的农夫，试想他从哪里有那么多的兵书可看，又怎么会学着父亲的样子同人在纸上谈兵呢？由此可以看出，家庭环境对一个孩子的成长有着举足轻重的作用，那么，我们该为孩子构建一种怎样的家庭氛围呢？

1. 健康文明的成长环境

对孩子实施的教育，是家庭、学校、社会三方面综合作用的结果，其中家庭教育是里面最重要的一部分，因为除去孩子在学校学习的时间，剩下的时间都是在家庭里度过的。因此，一个健康文明的家庭环境对于孩子尤为重要。只是现在很多家长对他的重视不够，认为把孩子送到了学校，教育孩子的任务就是学校老师的，因此家庭环境被严重地“污染”，例如家长搓麻将成瘾，家中一天到晚麻将声不断；孩子在场时也不在意自己的言行，骂脏话，讲粗口，动辄摔打东西；频繁请客，讲排场；过分地注重打扮等。

孩子的成长过程就是一个不断被社会化的过程，当他们接触到新鲜的事物时，会产生排斥或认同的心理。只是在这个过程中，由于他们的年纪还小，对一件事物不能进行正确的判定，是非对错没有明显的界定，同时对父母又存在着依赖和崇拜的心理，于是在心理上就会从认同父母开始，他们首先会以求知的眼光注视着父母的一举一动，然后从父母身上获得行为的榜样和模式，接着便会在言谈举止上模仿父母。这样一来，以后即便遇到了正确的做法，也会在“先入为主”的心理作用下对其排斥。

父母们千万不要忽略自己的言行对孩子产生的影响，这种影响是潜移默化的，而且一旦造成影响便很难再被根除掉。因此，要不断净化家庭育人环境，给孩子一个健康文明的家庭空间。

2. 积极向上的学习环境

在学习方面，影响孩子成绩提高的最主要因素不在于家庭条件有多么好、家长的文化水平有多么高，而在于这个家庭的环境氛围是否有利于孩子进行学习，也就是说，为孩子创造一个积极向上的家庭学习环境至关重要。

一个对孩子的学习有利的家庭环境，它首先体现在家长对孩子学习的支持和指导上。家长应该较多关注一下孩子在学校里的表现和学习情况，比如上课是否认真听讲，课堂作业是否能按时完成，每次考试的成绩怎么样，薄弱点在那里？另外，当孩子在学习中遇到困难时要及时提供帮助。对此有些家长或许要说了，孩子们现在做的那些题目，我看了之后也是无从下手，怎么帮助呢？所谓帮助孩子学习，不只是教他们知识，更重要的是在态度和精神上给予鼓励、支持，帮助他们树立信心。其实在孩子做习题遇到困难时，父母即便有能力也不应该帮孩子做出来，而应该旁敲侧击地予以启发。其次，对孩子的学习要严格要求。只是“严格”要求不能笼统地理解为每门功课都必须优秀，而是对孩子的学习态度加以规范，使其养成认真、细致的习惯。孩子对学习的信心是不断被强化的，因此当孩子在原有基础上有所进步时，要及时给予肯定，让他们获得成功的满足。

此外，为了更好地带动孩子，父母自身也应该要有学习的愿望和行动，因为榜样的力量是无穷的，尤其是对于处在成长期的孩子。在父母的言传身教下，孩子很快就会照样学下来，并进一步形成一种热爱学习的好习惯。

3. 宽松的心理环境

在家庭的心理环境中，起主导作用的是父母的性格、兴趣、才能以及情绪等，这些方面的任何波动，都会影响到孩子。在一定意义上说，有什么样的家庭心理环境，就能使孩子形成一种什么样的人性。所以，父母首先应该培养自己健全的性格、对生活的向往和热情，并力求把自己的情绪控制在一个稳定的层面上，在同孩子交流时要讲究方式、方法，循序渐进，善加诱导，以启发孩子的自觉性和积极性为主。长期这样坚持下去，家庭中就会保持亲切、友爱、平等、欢乐的气氛，孩子便将在这样的环境中通过耳濡目染，受到教育和影响。

孩子若要得到健康地成长，就需要一个和谐、愉快、充满爱和上进心的心理环境，这就像一棵树苗要长成参天大树，就一定需要土壤、阳光、雨水一样。因此，怎样才能创设和保持一种良好的家庭心理气氛，是每一位父母都应当时刻注意的。对于有经验的父母来说，他们都善于把自己的情绪控制在一个适当的范围内，争吵难以避免地发生时，也尽量避开孩子，无论在外面有多不愉快的事情，也尽量不把怒气带回到家中。

在很多独生子女家庭中，父母往往把对孩子的关心和爱护变成溺爱，一切以孩子为中心，只要是孩子提出的要求都答应，对孩子的一些不良品德和习惯也不加以批评和教育，反而包庇护短。由于长期以来孩子一直过着饭来张口、衣来伸手的懒惰生活，大多数因此变得好逸恶劳，进而养成一种自私、任性、专横、为所欲为的不良品德和习惯。

家长对孩子的娇生惯养、百依百顺，是使孩子走上不幸道路的开端。给孩子营造良好家庭氛围的同时，父母也必须杜绝“爱而不教，管而不严”现象的发生，加强对孩子品德的教育，防止因过度的溺爱而毁掉孩子的一生。

让孩子有乐观的心态

德国哲学家康德认为："快乐就是我们的需求得到了满足。"可是在孩子的身上，我们又发现这句话不完全是正确的。比如孩子想得到一件玩具，为了让他高兴，买了回来，可过不了几天就被他弄得支离破碎了，孩子又哭闹着要求得到别的东西，并没有因为自己这个需求得到了满足而快乐起来。所以说，无论孩子的年纪有多大，他们都不会因为父母期望他们能够快乐他们就自然而然地快乐起来，同时，他们的快乐也不一定会因对物质东西的要求得到满足而产生。那么，父母应该怎样让孩子快乐起来呢？乐观的态度是人快乐的加油站。对于孩子来说，父母只要培养他一种乐观的心态，快乐就会像泉水一样汩汩而出。

乐观，作为一种最为积极的性格因素之一，就是指无论在什么情况下，即使条件和环境再差也保持良好的心态，相信坏的遭遇总会过去，相信阳光总会再来的心境。华盛顿说："一切的和谐与平衡,健康与健美,成功与幸福,都是由乐观与希望的向上心理产生与造成的。"乐观的心态就是承认事物的不完整性，就是不被偶尔的挫折和磨难所感伤，因为感伤并不能把我们的命运改变。如果想让孩子有一份乐观的心态，父母的培养和精神上的支持是必不可少的。

1. 父母的乐观态度会感染孩子。

父母是孩子的第一任老师，孩子性格的生成在很大程度上也会受到父母的影响。所以在日常的生活当中，父母在孩子面前要尽量表现出乐观来，努力营造出一种快乐的气氛。在现代的家庭教育中，我们越来越发现，养育孩子的过程也是父母不断充实与学习的过程。所以更为重要的，是父母要拥有一颗真正乐观的心，要知道，父母乐观处事的事例对于孩子是最好的教科书。

2. 让孩子多参加有意义的活动。

有资料显示，与人多交流和参加一些有意义的活动都可以增进人体的健康和人的乐观情绪。当一个人创造出了某件成果或完成了某项有意义的活动时，很自然地就会感觉到快乐。因此可以说，快乐是伴随完成某种成就的努力而产生的，它是一种动机力量，有利于孩子的健康成长。例如孩子在学校举办的运动会上取得了较好的名次，受到了学校的表彰和同学的羡慕，此时他内心中体验到的就是真正的快乐，因为他通过努力完成了一件事情，而且取得了成功，会有一种成就感。正是这种感觉，使他得到了充沛的力量和信心，对自己有了更进一步的肯定。

快乐不是人追求的直接结果，也就是说人不会因为想要快乐就会得到快乐，所以作为父母，我们不能教给孩子如何去快乐，而应该让孩子多参加一些有意义的活动。孩子在与人交往和游戏的过程中，会在不知不觉中增强对自己的信心，会在活动和活动成果中得到更多的体验，更关键的是，从中孩子还可以得到对世界、对社会和他人的信心，得到对人宽容和忍耐的力量，而这些是一个人乐观的基础。

3. 不要给孩子太多的压抑。

快乐是一种基本的情绪，在人的本性中就有快乐的成分。孩子在出生后的2个月左右，就有了社会性的微笑。可是随着孩子年龄的一天天增加，父母的要求也水涨船高。孩子还很小的时候，叫一声“爸爸、妈妈”父母就因此高兴半天，可长大了之后，为了孩子的升学、就业，父母总会一厢情愿地做出诸多安排，对于孩子个人的想法、兴趣爱好总是在各方面做出过分的限制，目的就是为了让孩子按照自己设定好的方向发展。这样一来，孩子的天性被压抑了下去，每天只能像个木偶似的，又怎么会有快乐呢？因此，如果想让孩子得到快乐，就应该减轻他们身上的负担，给他们一个自由自在活动的空间。

4. 不要对孩子感情冷淡。

有关专家曾指出，一个从小就没有感情体验和感情依恋的孩子，在他长大之后也不会对他人施以爱和同情，他将生活在一种冷漠无情的氛围之中，很少体验快乐，难以与人相处，当然也就不会具备乐观的精神。因此，不管自己的工作有多么繁忙，也要尽可能多抽出一些时间来陪陪孩子，和他一起做游戏，询问一下他觉得今天发生的哪些事情是有趣的，或者就某个问题交换一下彼此的看法。对孩子的抚养不要依赖于孩子的祖父母，甚至保姆，也不要把所有教育孩子的责任都推卸给老师。

5. 让孩子持有一颗平常心。

由于现在的家庭中大多只有一个孩子，所以他们从一生下来就受到爸爸妈妈、爷爷奶奶、外公外婆的多重疼爱，可以说是在温室中长大的，没有经历过多少风雨，因此在他们的意识中根本就不知道有艰难困苦的存在，更不要说如何去面对和克服它们了。就是因为这个原因，在日常的生活当中父母应该给孩子多一些接触各类事物的机会，当孩子接触到的事情多了，见识广博了，心胸自然也就随之开阔，悲观的思想便不容易产生了。用一颗平常心来面对生活中遇到的各种困难，并不是一种消极的态度。在孩子开始接触事物的时候，父母可以采用暗示的方法来让孩子主动提问、主动要求、主动学习。在孩子做一件事情的过程中，父母要用表扬、奖励等方法来强化孩子的自主观念。当孩子在行动的过程中遭受到了挫折和打击，父母要帮助孩子总结经验和教训，并且激励孩子，告诉他失败了一次不要紧，还可以重新再来一次。

一位母亲带着她的孩子赶飞机，因为天气突变最后被困在了机场。孩子因为长时间的等待哭了起来，这位母亲一边把自己的衣服披在孩子身上，一边安慰哭泣中孩子说："孩子，你不觉得，这一切，都是我们的奇遇么？"孩子闻言停住了哭泣，开始用疑惑的眼神打量着周围。后来，这位孩子不但不再哭了，还和母亲兴趣盎然地谈论着这个神奇的遭遇。

乐观是一种对人生的态度，是人快乐的加油站，在人一生的旅途中，谁都难免会碰到各种各样的困境，记住，让孩子随身携带好快乐的加油站。

学会自我赏识

有一次和妻聊天，妻跟我说起了她班里的一个小男孩儿，他长得聪明可爱，上课听讲时也能很快领会到老师所说的内容，只是不知道为什么，总是不很积极地回答问题，即便叫起来让他回答也是吞吞吐吐的，一副很不自信的样子，因此做什么也不努力。他每天不声不响地坐在自己的座位上，也不和同学们有过多的交往。为了改变他这种现象，妻也曾在班里当众表扬过他，私地下也找他谈了几次话，他还是那副样子。我建议妻应用“自我赏识”的办法，寻找适当的时间让他自己夸一下自己。妻尽管不很赞同我的观点，但还是照着做了。

那是在一次语文测试中，那个男孩儿很快就做完交上去了，妻阅完卷之后也觉得很满意，便把他叫到身边来，问他觉得自己的这次测试成绩怎么样？闻言他显得很茫然，一副不明白的神情。妻进一步启发他说：“今天这个测试你是第一个完成的，而且我看了，成绩也非常不错。难道你对你自己就一点评价都没有吗？”他一幅难为情的样子，缓缓地下了头，过了好大一会儿，才下定决心似地说了一句：“我觉得我今天表现的特棒！” 说完这句话，他的脸上露出了甜甜的笑容。妻后来告诉我，自从那次以后，那个男孩子变得开朗了许多，也尝试着和身边的同学交往，并开始在课堂上踊跃举手回答问题了。

有关教育心理学的研究表明，对于不同的人而言，自我赏识的强度他们的身上也有着明显的差异，这种差异的形成主要与早期培养、环境影响等因素密切相关。一个健康成长的孩子，他不仅仅需要有赏识他的老师、赏识他的家长、赏识他的同学，更需要学会自我赏识。自我赏识来自于对自身力量的充分认识和估计，是一个人对自我的积极评价，也是一种对自己怀有的肯定的情绪体验，它不但是每一个孩子走向成功的起点，而且也是作为新时代人才所必不可少的素质。

只是在对孩子进行“自我赏识”教育的时候，每位家长都应该清楚一点：每一个孩子都不同程度地需要自我赏识，但这并不等于可以在任何时候、任何情况下都能使用“赏识”。这就像医生用药一样，只有剂量合适才能治病救人，剂量多了反而对病人会有危险，再好的药都是如此。所谓让孩子学会自我赏识，就是让他们从自己的行为中获得满足和动力，而不是依赖任何外来的奖励，同时还应该让孩子懂得哪些事情是应该而且必须做的，只要能把这些事情做好，便是最好的奖励。因此在日常的生活中，父母在帮助孩子学会自我赏识时，应该从激励他们的行动入手。

1. 表扬用语中代词的改变。

改变表扬用语中的一些代词，可以在潜移默化中戒掉孩子对外部赏识的依赖。这是一个最直接有效的方法，只要把“我”改成“你”，把“我们”(父母)对你(孩子)的表扬变成你(孩子)对孩子自己的表扬。不要轻视这种简单的变化，它从根本上避免了赞许声中的强调色彩，转而更多地让孩子认识到自己的行为是正确的。

例如，孩子这次的考试成绩很好，父母与其说“近期你比以往更努力，取得这样的好成绩，我对你的表现很满意。”不如说“近期你比以往更努力，取得这样的好成绩，你对自己的表现也一定相当满意。”这样一个小小的改变，就会使孩子在做一件事情时不再是为了让父母满意，而更多关注于事情本身，自立性也就进一步得到加强。

2. 鼓励孩子自己夸赞自己。

在一些家庭中，我们总能听到家长对孩子的夸赞不绝于耳，可他们的“赞扬教育”却并不见什么效果，有时反而会引来孩子的反感。究其原因，就是因为父母忽视了这样的一个事实，就是孩子只有依靠自己内心的认可才能获得前进的动力。当前有很多的孩子，做什么事情的目的都是为了得到成年人的赞许，仿佛只有如此，自己所做的事情才会有意义，根本不会考虑自己为什么要做这件事情，或者从这件事情当中自己将收获到什么。对于孩子来说，这是很悲哀的。帮助他们的一个最简单的办法就是指出哪些事情他们做得非常正确，然后提醒他们从内心对自己加以承认。

例如，孩子在做了一件错事之后主动向你承认错误，这时，你就应该告诉他：事情尽管做错了，但你这种主动承认错误的做法是非常需要勇气的，因此你可以告诉自己说："我做了一件正确的事，一件了不起的事。"

如果孩子的年纪还不是很大，你还可以教他玩一个自己跟自己交谈的游戏：让孩子自己给自己起一个名字，并且在心里经常这样称呼自己。这个名字可以是一个显赫的头衔，比如"××总统"，也可以是一个甜蜜的昵称，比如"奥特曼"。

告诉孩子，当他觉得疲倦、烦躁、想偷懒时就自己对自己说："继续进行下去，奥特曼，只剩下最后一道题了，我们一起把它做完吧，我知道你一定行！"

告诉孩子，做什么事情只要尽了自己的努力，无论最后的结果是什么样子的，都应该在心里赞赏自己说："哦，泰山，我知道你已经尽自己最大的努力了，而且结果也并不是很糟糕。我们下次将会做得更好。"

3. 对孩子的自我激励体制进行强化。

当孩子在内心中对自我的肯定趋于稳定时，父母应该适时地加以强化，这一点非常关键，孩子可以从中领会到：在做任何事情时，自己的努力和良好的行为便是一种很好的奖励。

有很多种办法可以达到这个效果，例如：让孩子自己准备一个日记本，每周至少一次花几分钟的时间把自己获得的成功写下来。在此要告诉孩子，成功就是对自己做出的任何改进，以及为这些改进而付出的努力。还可以鼓励孩子在完成一件事情之后，给自己写一封信，对在做这件事情时表现出来的优点进行描述，并提出赞赏和鼓励。在信中，孩子可以根据自己的爱好使用一个他喜欢的身份，比如自己的父母，比如班主任和校长，也可以是某个电影中的英雄人物。

古人曾有这样的言论——“积钱财遗子孙,子孙未必善用,不如遗子孙以德以礼。”之所以不“积钱财遗子孙”，而要“遗子孙以德以礼”的原因，就因为钱财只是浮华之物，今天在你的手里，明天不一定就到谁的手里了，而“德”与“礼”则不然，会相随孩子的一生，影响他的一言一行。同样的道理，让孩子学会了自我赏识，就会使他们逐步地建立起自信，从而拥有一种积极的心态，直面生活中遇到的种种艰难困苦。

疏导孩子的早恋

处在青春期的孩子，对自己比较欣赏的异性会从心里产生出好感。这本来就是一件很正常的事，可由于孩子年纪小，不能很好地把握这份好感，因此往往出现早恋现象。另一方面由于父母听到“早恋”这个词，往往就在潜意识里认为孩子是纯粹对性的追求，在心里对孩子的这种行为总会觉得有几分污秽，于是，他们对孩子早恋的处理就会比较严厉和偏激。于是，孩子的早恋问题成为影响学习的阻力，同时也是困扰父母的难题。

其实，父母大可不必把孩子的早恋想得那么污秽不堪，因为在成长的过程中，孩子对异性的好感是每个人必然要经历的阶段，早恋只是这个阶段的一个极端。可以这样说，把孩子对异性的好感过早地定义为早恋，这是不合理的，他们更多的只是在心理上对异性的一种情感的依赖。因此，父母对孩子要加以引导，让孩子把那份情感珍藏起来，这可能就是在情感上送给孩子最珍贵的礼物了。

父母如果发现孩子陷入早恋的漩涡中，千万不要进行训斥、辱骂，甚至用殴打来对孩子。父母应该尊重孩子的感情，理解他们的感受，在互相平等的基础上沟通，通过疏导、教育让早恋的孩子

“自我觉醒”。

小佳是一名高一女孩，她性格开朗，学习努力，成绩在全校名列前茅，且各方面才能具佳，人也长得很漂亮。在小佳16岁生日那天，刚认识不久的同桌男生却送给她一份精美的礼物。就这样，小佳对这个男孩产生了好感，两人越来越亲密，不久，她的母亲发现她的成绩比以前下降了许多，母亲从孩子的言行中也明白了成绩下滑的缘由。不久，学校要组织一次成人宣誓活动，母亲决定抓住这次时机，对孩子进行一系列的帮助、疏导，使她摆脱了早恋的纠缠，重新开始正常的学习生活。

在一个周末，父母决定为孩子的这次成人宣誓开一个家庭聚会，庆祝一番。父母事先对孩子的交代是：孩子已经长大，父母决定对孩子多一些放手，让孩子有更多的自主权利。晚上的聚会，一是庆祝孩子长大，二是把孩子今后注意的一些问题摆出来讨论一下，能让孩子在生活中自律，父母谈得很投机。在整个过程中，为了孩子在父母面前不过于尴尬，父母有意地将话慢慢地引向早恋。父母对孩子早恋的问题只字不提，只是和孩子共同分析了中学生所处时期的特点：中学生在经济上不能自立；生理和心理上还不成熟，缺乏社会知识和生活经验，对一些事情的看法还比较肤浅、片面。接着父母把早恋作为一个例子与孩子讨论，指出中学生的特点决定了“早恋”的危害：过早涉足“爱河”，不仅分散精力，荒废学业，还影响身心健康发展，因此要理智地控制自己。父母还告诉孩子交友要有一个尺度和标准，比如能够在学习上相互帮助、相互促进。最后，父母对孩子说的是：青春期对异性好感是正常的，但在与自己喜欢的异性交往过程中，一定要举止得体，把感情放在心里，不要想着用行动来表达。父母用旁敲侧击、含沙射影的办法使孩子与父母进行了真诚的交流，最终达到了纠正孩子早恋的效果。从那次谈话以后，小佳改变了与那个男孩的交往方式，使两个人成了正常的同学关系。所以，孩子有早恋行为，父母要善于采用新的方式对孩子加以疏导，从新的角度切入，动之以情、晓之以理地教育和帮助孩子，把孩子当作朋友，帮助孩子正确认识自己，让他们保持那份纯洁的感情。

早恋是孩子在交往过程中的一个陷阱，父母要以宽容的态度和合理的方式加以疏导，这样才能使孩子在青春期得体地与异性相处，这就是孩子与异性交往的能力体现。我们很多人往往难以忘却自己情窦初开的时候，将其看成是自己人生中最美好的经历，对于那份经历的珍藏，现在已经变成了我们最美的回忆。因此，面对孩子的早恋，父母要引导孩子用一种纯洁的心理去对待第一份感情，父母不要亵渎了孩子在成长过程中原本最美好的那段情感，引导孩子在交际中抵住诱惑，珍藏美丽。

第四章
培养孩子的兴趣

兴趣是指一个人对某件事物的喜好，但它不应当是一时的，而且完全是出于自己的天性。孩子也是如此。

兴趣应是孩子的

周末，表弟带着侄女小雯来家做客。我和表弟坐在客厅聊天，小雯便一溜烟跑进了我的书房。小雯今年9岁了，正在上5年级。她一来就喜欢到我的书房里去，然后拿起一本什么书来煞有介事地看，从来不吵闹。对此表弟和弟媳十分诧异，说我这里有魔力。

和表弟的谈话中，我知道他这是要送小雯去绘画班，因为时间还早，学校又离我住的地方里比较近，就先来我这里坐坐。

我和表弟唠了一会儿家常，他就抬起手腕来看表，然后站起来和我告别，冲屋里喊小雯。小雯磨磨蹭蹭地走出来，叫了一声伯伯，便拉着我的手不再撒开。她爸爸越是催促，她越是这样。

“怎么了小雯？该去上课了。”我问。

“我那个故事还没看完呢！”

“那这样吧，上完课你再到伯伯这里来看书，好不好？”

小雯犹豫着点了下头，跟他爸爸走了。

时间过得真快，转眼间我们也为人父母了。记得表弟小时候很调皮，经常在我的书上乱涂乱画，把上面的字都掩了。为此我还揍过他一次呢，可他就是恶习不改。上高中的时候，他想学绘画专业，可因为家里的原因，最终放弃了。现在有时跟我谈论起来，还觉得遗憾。

中午的时候，表弟把小雯送过来说有事先走了。我和侄女吃过饭，她就拿来一本书说看不懂，让我给她解释。那是一本略带文言的书。

我在给她解释完之后，询问起她在学校里的情况。对于这个问题她情绪很高，关于同学和老师，说了一大堆，不时还用手比划着。我拿出一张白纸，让她把上午老师教的东西给画下来，要不说说上课时的情景。她皱着眉头不动地方，十秒钟后，说："咱们还是看书吧。"

我看得出来，侄女其实并不想学美术，对画画也根本就没有兴趣，她只是还没有能力违抗表弟的意愿。

时下，我们经常见到这样的情景，父母斜背着一个满是卡通人物的书包，牵着一个愁眉苦脸的孩子，有条件的自己开车，没条件的挤公交、骑自行车也要把孩子送到各色名目的特长班。

这些现象，从本质上体现了家长对孩子教育的重视程度。孩子毕竟还年纪小，就像春天苗圃里生长迅速的嫩草，怎么能不经过修剪，万一长成杂草不是害了孩子吗？可自己工作太忙，对这方面也没有专业知识，当然应该送孩子去专业人士那里接受教育了。只是我们在进行这样安排的时候，是否尊重了孩子的意愿呢？也就是说，我们送孩子去专业人士那里所接受的教育，是否是孩子自己感兴趣的呢？如果孩子对此根本就没有兴趣，那培养之说又从何说起呢？我看摧残倒是真的。就像我的这个侄女小雯，课后都不愿意提起，上课的时候又怎么能专心进去呢？

我们如想让孩子有好的发展前景，就不能忽视孩子的个人兴趣。因为兴趣是指一个人经常趋向于认识、掌握某种事物，力求参与某项活动，并且有积极情绪色彩的心理倾向。所以孩子如果喜欢绘画，家长就应该支持孩子去画画，这样孩子才会因为很乐意去作这件事而配合家长。

很多家长在这个方面，犯了和我表弟同样的错误，那就是把自己的意志强加在了孩子的身上，根本没有考虑到孩子自身的因素。这是一种舍本求末的做法，用一种理论性的术语来概括，就是“忽略了主体意识”的培养。我们所进行的一切教育方式，都是为了增长孩子的特长，提高他长大后在社会上的竞争力。所以说，教育的最终接受者和受益者是孩子，但若孩子根本就不接受，又怎么能让他受益呢？父母投入了那么多的精力，花费了金钱，岂不是费力不讨好吗？

所以在培养孩子兴趣的时候，父母一定要注意：兴趣必须是孩子的。只有作为主体的孩子对这方面感兴趣，乐于去了解关于这方面的知识，才能形成一种教与学其乐融融的氛围。所以父母的正确做法是尊重孩子的意愿，结合孩子的兴趣趋向和特长，进行理性的选择和培养。

作为父母，当然是希望自己的儿女能出类拔萃，所以在培养孩子的兴趣时，尤其要避免好心办坏事。老人们常说“强扭的瓜不甜”，本来对一件事物看都懒得看一眼，却突然被逼迫着去从事它，而且还必须发生兴趣。这种近似于苛刻的要求，大人尚且办不到，更何况孩子呢！孩子虽然还小，但他作为一个人，毕竟是有自己想法的。尽管大多数时候对于我们来说，或许这些想法可能幼稚得可笑，但我们也必须尊重。对于孩子的教育，我们只能是因势利导，而不应设定一个框架，把孩子框起来，这样会把孩子扼杀在自己的手中。因此在培养孩子的兴趣时，特别要注意，千万不可以把自己的兴趣强加在孩子身上，把自己没能实现的梦想移交给孩子实现，更是一种错误的做法。

人被一件事物所吸引，与其本身的天性有很大关系，这方面对于孩子来说尤其重要。换言之，作为父母的我们，不应该让未来的贝多芬去给人做手术，即便他的手指很灵活；不应该让牛顿去写侦探小说，即便他的逻辑思维能力很强；不应该让歌德去弹钢琴，即便他的想象力很丰富。我们应该做的是，不把自己的意志强加给孩子，给孩子一个发展自己兴趣的空间，并在此基础上，尽自己最大的能力，给孩子兴趣的发展开辟出一方适宜的土壤。

兴趣是否应刻意培养

兴趣是最好的老师，这句话对于每一个家长来说，早已经耳熟能详了，可一直困惑我们的问题是：如何让兴趣发挥出它应有的价值，引导孩子在自己的兴趣上能有所成就？换言之，也就是我们应该怎样培养孩子的兴趣呢？

美国著名的心理学家布卢姆对于培养孩子的兴趣曾经这样说：“兴趣并不一定伴随认识效果自然而然地持续并发展，它需要教育者专门地评价和培养。”这句话也就是说，孩子对一件事物的初始兴趣是自动自发的，而要想把这种兴趣持续兴趣下去，就需要家长的培养。可是在现实生活中，很多父母只注重对孩子的兴趣进行刻意培养，而忽视了正在培养的兴趣是不是孩子真正感兴趣的地方。于是，在这样一种错误的教育理念之下，一方面父母对孩子进行各种各样的“威胁利诱”，强迫他们去上各种各样的兴趣班，而另一方面孩子却总是在自己心不甘、情不愿的情绪下开始学习，于是学习也就成了一阵“敷衍”之后的迅速撤退。孩子在这样的一种学习心态之下，学习的效果从何谈起，对孩子兴趣的培养理所当然也就如“水中捞月”般徒劳无功。

“望子成龙、望女成凤”，当然是每一个为人父母的希望，特别是在这样一个竞争日益激烈的现代社会。为了让孩子将来能成为某一方面的专才，父母这些做法的初衷和目的是无可厚非的，可孩子毕竟还只是孩子，他们对父母的这些做法是否理解？即便是理解，可他们的自控能力是否足够？相对于很多孩子来说，他们更多地把父母的这些做法视为对自己的摧残，即便有不少孩子理解父母的意思，可由于自己对这一方面并没有兴趣，或者因为自我控制能力欠缺，根本不能如父母所愿。因此，很多父母培养孩子兴趣的做法，到头来只是一厢情愿，而且这一厢情愿多少显得有些“多余”，甚至是苍白。

反观我们父母本身，事实上，在培养孩子兴趣的方面，由于他们的人生观、世界观、文化素养与所处的社会环境、生活经历的不同，在培养孩子的兴趣时，具有很强的主观性，容易受到社会潮流和自我经历的影响与制约。在这样的一种情形下，如果与孩子原本的兴趣正好符合，那就会被孩子所接受，并在父母与孩子的共同努力之下，收到很好的效果；可一旦培养的兴趣与孩子原本的兴趣相悖，那就会南辕北辙，最终不被孩子所接受，此时难免就会发生父母与孩子二者之间的抗衡。这种抗衡的最终结果是，要么孩子在父母的强势面前低头认输，要么父母做出妥协，放任孩子自流。从事幼儿教育多年的专家认为，父母对培养的孩子应该张弛有度，逼迫和放任都不是好办法，都不利于孩子兴趣的生成。

在现代社会，很多父母都选择从小培养孩子的兴趣特长，可是在培养孩子的过程中出现了不少的问题。总体上说来，这些问题归纳在一起就是：有些家长对孩子的放任而使其变得任性妄为，或者有些家长对孩子进行逼迫，以至于在孩子的心灵上埋下了抑郁的种子。对于孩子，父母如果太过顺从甚至放任的话，他们就会因而失去很多宝贵的受教育的机会。因为人都有懒惰的一面，这个天性在孩子和大人身上都或多或少存在，只是大人的自控能力比较强，因此可以用意志来战胜它，可孩子的自控能力相对来说很弱，于是在同懒惰作斗争的时候，很容易就成为俘虏。这样的情形一直发展下去的话，不但不利于培养孩子的兴趣，就连性格的培养也十分不利；但父母如果采用强硬的态度，逼迫着孩子去学这学那，就很容易让孩子对于学习产生出畏难情绪和疲惫心理。孩子的兴趣点根本不在这里，只是迫于父母的要求而不得不去学，因此他们学习的目的只是为了应付家长，兴趣根本无从谈起，于是在日复一日的过程中变得麻木，并且在麻木的情绪下越来越感到应接不暇，进一步产生出疲惫的心理，对学习也产生出畏惧的情绪。所有的这一切，对于小孩子的承受能力来说，显然是太过分了。

那么，培养孩子兴趣的最好方法是什么呢？幼儿心理教育专家认为："最好的方法就是在日常生活中发现孩子的兴趣点，然后在这个基础上给予孩子及时的培养和鼓励，争取将其转化为孩子的爱好和特长。"父母要想在日常生活中发现孩子的兴趣点，首先就要接受孩子、尊重孩子、观察孩子，只有如此，才能知道孩子的兴趣真正在哪里，也只有在孩子兴趣的基础上，孩子才会乐于接受父母的安排，父母也才能帮助孩子开阔视野，增加学习的深度，对孩子的兴趣加以适当的引导。父母必须明白，学习的主题是孩子，并非是家长，如果孩子不认同并加以接受的话，家长所做的一切努力都将是徒劳的。当发现了孩子的兴趣点之后，在增加孩子相关知识的同时，要尽可能让孩子体验到成功的喜悦，这是使孩子的兴趣得到巩固的最佳办法。

对于孩子的兴趣，父母既不能采取放任自流的态度，也不能采用威逼的手段，强迫孩子去一些诸如英语班、美术班、舞蹈班等所谓的特长班。孩子如果能在相当长的一段时间里全身心地投入某一件事情，这正是他心智充分发展的契机，也是他的兴趣所在，假如父母能在这个时候为孩子创造恰当的环境和气氛，就为孩子专注力的形成创造了条件，因为专注力是一个人取得成功的重要基础。培养孩子兴趣爱好的目的，也就是为了使孩子在此前提下形成专注力。

如何发掘孩子的兴趣

孔子在《诗经》里面有这样的论述："知之者，不如好之者；好之者，不如乐之者。"由此可见，学习的最高境界应该是"乐知"，"好知"跟它比起来，反而属于次等地位了。因为"学问知之者，不如好之者笃；好之者，不如乐之者深。"既然如此，父母应该怎样培养，才能让孩子乐于学习呢？最简单的办法，就是从孩子身上寻找出他的兴趣所在。只有把学习建立在孩子的兴趣上，他才会成为一个乐知者。

美国社会家庭学家康斯坦丁·尼诺指出："家庭教育定向的一个关键，是要让自己与孩子在平等关系中来认识、研究、对待和决定。其中，家长去发现孩子的兴趣，这比家长让孩子去产生兴趣重要得多。" 这句话也就是说，家长不应该刻意去培养孩子的某些兴趣。因为，每个家长的人生观、世界观、文化素养与所处的社会环境、生活经历都有所不同，于是在培养孩子的兴趣时便具有很强的主观性，往往会受社会潮流和自我经历的影响与制约。

那么，作为家长的我们，如何去让孩子自己去产生兴趣呢？

这对于很大一部分父母来说，的确是一个难题，也为此断送了不少原本应该很优秀的孩子。就拿报特长班来说，很多父母并不知道自己的孩子是喜欢画画，还是擅长唱歌，抑或从小有舞蹈家的梦想。只是因为别人家都去报，自己家不报怕耽误了孩子，何况在人前也不好看，好像自己家没有经济能力似的，于是胡乱报一个，以求问心无愧。或者有甚者，一报就报五六个，根本不考虑孩子是否能吸收得了。

这两种做法，都是对孩子极度不负责任的表现。为人父母的我们必须得知道，今天我们糊弄孩子，明天孩子就会糊弄他的人生，不可不慎重。

其实，孩子的兴趣来源于人人都有的天性——好奇心，也正因为这个原因，人们才会带有感情色彩地积极去探究某种事物和活动，也才会产生揭示自然和人类奥秘的强烈欲望。以当前的社会角度来看，兴趣是孩子爱学、会学的重要基础。我们都有这样的感觉，就是一接触自己感兴趣的内容或活动时，态度就积极，心情就愉快，思维就活跃，仿佛与之前判若两人。在这个前提下，孩子比大人有更强烈的表现。苏霍姆林斯基对此这样说："他们带着一种高涨的、激动的情绪从事学习和思考，对面前展示的真理感到惊奇甚至震惊；孩子在学习中意识和感觉到自己的智慧力量，体验到创造的欢乐，为人的智慧和意志的伟大而感到骄傲。"在这样的一种氛围里面，孩子会像一棵干渴已久的树苗，用尽自己所能利用的全部注意力，集中在某个方面。

如果想让自己的孩子出现这种可喜的面貌，家长就需要像一个考古学家一样，把孩子的兴趣发掘出来。在进行这个过程的时候，耐心是必不可少的。父母要把这份耐心用在哪里呢？用在注意平时孩子的玩耍上，要多观察孩子在玩耍时都干些什么。玩是孩子的天性，没有哪个孩子不贪玩的。很多家长只知道为孩子贪玩头疼不已，却不知道在这里面潜藏着孩子的兴趣爱好。

有这样的一个小女孩，在一个很偶然的时间里，发现断成两半的蚯蚓身体却还在不停地蠕动，觉得特别有意思。于是，她便把断了的蚯蚓分别放进两个有土的花盆里，想观察一下蚯蚓在断了之后是不是还能活。她的母亲看到这幅场景，非常恼火，说："一个女孩子，没事弄什么泥巴，没出息！"说完就把有蚯蚓的两块泥巴扔出门去。国家教委副主任柳斌在提到这件事时，说："你看，就是家长这么一骂，一扔，就断送了一位未来中国的女科学家！"

如果把孩子比喻成一株嫩苗的话，兴趣就是支撑嫩苗生长的茎，而且是极易折断且折断后便不能再续接生长。对大人来说，仅着眼于孩子在玩，却没想到，即便他是在玩，也是因为对此有好奇心。若某件事物对他没有吸引力，他怎么会不知疲惫地乐在其中呢？而这，就是兴趣的雏形。

只是在这个时候，孩子尚不具备完整的认知和感知世界的能力，更没有足够的理智和价值取向，他不会很明确地对父母说，他要做什么什么事情，因为自己对这个有兴趣。此时，就需要父母及时地做出补充，发现孩子的兴趣点，这是父母应具备的基本能力之一。在这个方面，父母要尽量不要让自己陷入两个极端中。一个就是完全的放手，对孩子的发展不理不问，听之任之；另一个就是一棒子打死，只要与自己的想象不一致，就一律认为是异端邪说。所谓对孩子因势利导，也就是针对他在日常生活中的言行和举止，判断出兴趣的发展趋势，并在这个方向上进行引导和规避，一方面能使孩子做自己兴趣爱好方面的事情，另一方面又能避免孩子因没有正确的价值观而误入歧途。

有这样的一个孩子，他是名副其实的小发明家，有好多发明还获得了国家专利，并因此被评为第四届全国十佳少先队员，他的名字叫车亮。小时候，这个淘气的孩子破坏欲极强，几乎到手边的东西都要被他拆开来看看，包括他的玩具，包括家里的摆设，包括一切让他发生好奇的事物。他爸爸见到孩子这样之后，并没有大为光火，甚至连责备的意思都没有，只是很严肃地说："拆开了之后，再按照原来的样子装上。"因为爸爸有这样的要求，车亮在以后拆东西的时候就特别小心，每拆下一个零件都按顺序摆好，拆完琢磨明白后，再一一装上。就这样拆了装，装了拆，成了个小发明家。刚上小学的他，已经获得了三项国家专利。

从上面的例子我们可以看出，作为父母，不仅要以赞赏的目光来对待孩子的兴趣，还要善于发现孩子的兴趣，并有所要求。有时这样的要求只是简单的一句话，一如车亮的父亲，只因对孩子说"按照原来的样子装上"，就成就了一个小发明家。

所以，在如何发掘孩子兴趣这个问题上，父母行之有效的方法就是：接受孩子，尊重孩子，观察孩子。只有在观念上接受孩子某些与自己不同的想法，才能形成认同感，从而有利于促进孩子的发展；尊重孩子，一方面能使孩子在心里重视自己，另一方面也可以有效避免因家长武断，而对孩子造成伤害。只有在这两者的基础上，父母才会有耐心去长时间地观察孩子，以发现他的兴趣所在，也才懂得该在什么时候给予孩子指导。

总之，我们在培养孩子的兴趣时，不能流于形式，只做表面工夫，而应从日常生活的点滴中去发掘孩子隐性的兴趣，并以自己最大的热情去帮助和支持孩子，使其发展成为一种能力。

培养什么样的兴趣

对于这个问题，一般情况下家长都会存在这样两种截然不同的反应，一种家长虽然很急迫地想培养孩子的兴趣，但却苦于自己也很迷茫，根本不知道该培养些什么？另一种家长则显得较有主见，他们会让孩子琴棋书画样样学，天文地理门门通，还美其名曰是在培养孩子广泛的兴趣爱好。

就是在上世纪九十年代末，后者的这种想法被演化为一种非常新潮的教育理念，尘嚣直上，大有成为培养孩子兴趣不二法门的趋势。于是，各种各样的特长班、培训班如雨后春笋般地出现还嫌慢，有的人干脆租一间小破屋子，弄几张桌椅板凳就开始授课了！

经过了几年实践，教育方面的权威人士开始注意到这样的一种情况：那些全面发展的学生，等到了社会上的时候，并没有如我们想象中的那样，在各个行业都能畅行无阻，实际情况恰恰相反，好像没有一个行业是适合他们所从事的。所以时下才会流传出这样的一句话：全才即庸才。也就是说，门门都通的人，换来的只能是门门稀松。原国家教委副主任王明达就曾说过这样的话："对孩子进行教育时，我们不要力求面面俱到，这样反而是一种很大的失误。”

孩子的兴趣是需要培养的，可这种培养是应该建立在完全掌握了孩子兴趣方向之后的行动。在这样的基础上，我们才能决定到底培养孩子什么样的兴趣，并且在培养的过程中应该匡正孩子身上出现的那些毛病。

不同年龄段的孩子，所培养兴趣的内容也是有所侧重的。孩子幼小时，对这方面的培养，家长不应以他掌握多少知识为着眼点，而应该着重培养他“玩”的兴趣。这个时候对于孩子来说，是他认识和感知世界的初始阶段，家长除了灌输给他必要的道德理念和做人准则，剩下的任务就是观察他在玩的时候，对哪方面有特别的兴趣，以便于在以后的教育中有所倾向。

另外，孩子在游戏和玩耍的过程中，常常会有出乎家长意料之外的收获。他们在“玩”的过程中，能建立起对某一方面的浓厚兴趣，特别是对于智力的开发，作用是不可低估的。当然，在孩子玩的过程中，父母不应该干涉太多，而应该鼓励孩子尽情地玩耍，做各种探索，培养孩子的求知兴趣。

望远镜的发明，就非常生动地说明了孩子在好奇心的驱使下，即使是“玩”也能学到知识，甚至有所发现、发明。1609年，在荷兰一家眼镜店中，老板的儿子汉斯一天手里拿着几块镜片，有近视镜片、老花镜片，与邻居孩子玩耍。他把镜片贴在眼前，什么也看不清，举在离眼睛远的地方，就能看清镜片后的东西。有个孩子淘气，别出心裁，他一手拿着近视镜片，一手拿着老花镜片，把它们一前一后拿在眼前向远处一望，结果惊喜地喊了出来：“真奇怪，礼拜堂的尖塔，突然变得这样近啦！”汉斯长大后，就按照小时候和孩子们玩耍时发现的原理，发明了世界上第一架望远镜。

孩子在稍大了些之后，父母在培养孩子兴趣的时候，首先要明确，这些兴趣对孩子是有健康作用的。因为培养孩子健康的兴趣，一方面可以使孩子感受到生活的色彩，增加学习的乐趣；另一方面培养孩子健康的兴趣，可以陶冶孩子的性情，有助于其精神和心理的完善。

瑞士著名心理学家皮亚杰说：“所有智力方面的工作都要依赖于兴趣。”那么，为了孩子在智力方面能得到更好的发展和充实，将来有个好的前途，对于这个年龄段的孩子，家长应该着重培育什么样的兴趣呢？

1. 培养的兴趣必须是健康、高尚、有益的。

根据兴趣对人的行为的作用，可分为积极兴趣、消极兴趣和无害兴趣。区别兴趣的好坏，一个重要的标准就是考察兴趣的本质是否有利于人的成长和发展。所谓积极兴趣，就是指那些有利于孩子的成长和发展的兴趣，如学习求知、体育锻炼等。我们要培养孩子的积极兴趣。如果孩子有一些不良的兴趣，即消极兴趣，如沉溺于电子游戏、抽烟、赌博等，家长要及时加以制止和正确引导。

我以前有一个学生，学习本来挺不错的，可自从玩上了一种名叫“传奇”的电脑网络游戏后，便一发不可控制，天天都去玩。最后成绩直线下降，视力也直线下降。后来他又因没钱玩游戏去同学家偷窃，被抓进了派出所，一个花季少年的大好前程就这么被毁了，这难道不令人感到惋惜吗？

2. 兴趣应与人生规划、职业设计联系起来。

在培养孩子兴趣的时候，家长应该把它与孩子将来的人生规划、求职就业结合起来。例如孩子喜欢下棋，但他自己并没有计划将来以下棋为业，你也没有打算把他培养成一个职业棋手，那你就只能把下棋作为孩子的无害兴趣来培养，即把它当成一种业余爱好来培养。

正确引导孩子的好奇心

孩子对一件事情的喜好，大多来自于他的好奇心，而这种好奇心也就是孩子的兴趣所在，只是它突如其来且经不起任何的打击。所以父母在实施教育的过程中，对孩子这样的兴趣应该加以正确的引导，即便是些在我们看来不可理解的事情。

我是从事教育工作的，平时也很爱读名人传记，从里面我发现一个也可以称之为规律的现象，那就是大多数有所成就的人，在他们孩提时都对某一事物有着强烈的爱好，几近于痴迷的程度。如现为好莱坞著名电影导演的斯皮尔伯格，小时候对什么都不感兴趣，却整天闷在自己的屋子里，拍电影、放电影，并以此为手段和周围的小朋友交往。从蒙氏教育的角度为出发点，孩子能长时间全身心地投入某一件事情，正是其心智充分发展的契机，且会由此而形成专注力，成为日后成功的重要基础。

在正确引导孩子的兴趣时，家长一定要做到对孩子有足够的尊重，也就是不以大人的观点为衡量孩子行为的标尺，而应该从孩子的视野出发，理解和支持孩子做他愿意从事的事情，并在恰当的时候给予帮助，扶持他坚持走下去。

在国际象棋界脱颖而出的谢军，她之所以能取得今天的成就，与母亲尊重她的选择是密不可分的。

在谢军12岁那年，她面临着是去棋队学下棋还是继续上学的为难选择。在她幼小的心里面，既不愿意放弃学习的机会，更不愿意失去下棋的兴趣，因为只有她才知道，自己只要往棋盘前一坐，就会感觉到无比畅快、兴奋。谢军的母亲，是一位毕业于清华大学自控系的电子工程师，在面对独生女儿的学业和前途时，考虑更多的是怎样才能不因家长的干预而断送一个确有天才的棋手，又不会为此耽误女儿一生。

为此，她把小谢军叫到面前，母女间进行了一次很严肃的交谈。“你很喜欢下棋，对吗？”小谢军从未见妈妈有过这样的严肃，心里有点害怕，但还是点点头承认了。“那好，不过你要记住，下棋这条路是你自己选择的，既然你选择了下棋，今后，就要对自己的选择负起责任来！”

就是母亲这句“对自己的选择要负起责任”的话，使小谢军有了一种被信任的感觉，蓦然间她感觉自己长大了。从此，在母亲的鼓励和支持下，她在棋队很努力地学下棋，打下了日后问鼎国际象棋大师的扎实基础。

试想一下，如果当初谢军的母亲极力逼迫她去学校读书，剥夺她对国际象棋的兴趣，那么，今天也只不过在大学的教室里多了一个听课的学生，我国却因此少了一个杰出的棋手，而谢军也将和大多数的女生一样，过着三点一线的单调生活。所以说对于孩子的兴趣，父母一定要加以正确的引导。

我国20世纪六七十年代主张目的学习，而当时西方的国家里，则已经在强调兴趣学习了。以今天的眼光回首我国在六七十年代主张的目的学习，它就是一种功利性的表现，束缚了孩子兴趣的发展，因为在那样的前提下，所有与目的无关的学习都会被认为成是不学无术。

实际上，从社会角度上来说，兴趣是爱学、会学的重要基础。因为孩子大都有这样的一种情况，就是一接触到自己感兴趣的学习内容或活动时，态度就积极，心情就愉快，思维就活跃。这正如苏霍姆林斯基所说："他们带着一种高涨的、激动的情绪从事学习和思考，对面前展示的真理感到惊奇甚至震惊；孩子在学习中意识和感觉到自己的智慧力量，体验到创造的欢乐，为人的智慧和意志的伟大而感到骄傲。"

在现代社会中，我们应该从一个孩子的兴趣上，安排一些与之有关的事物让他去做，并且大可以根据其在做事时的表现，判断出他将来会干些什么。俗语说："三岁看大，七岁到老。"其实这句话的真正着眼点，也就是孩子的兴趣。特别是当一个人的某方面兴趣与他的志向结合在一起时，也就是说当兴趣与他的理想、目标结合起来时，就形成了志趣。这时的兴趣会对他的未来发展起到全面的准备作用。

尽管兴趣对孩子的未来如此重要，但在培养孩子的兴趣时，家长还是应该摒除一些带有功利色彩的因素，这些因素主要来自于父母和社会两个方面。

记得曾有两位妈妈到我这里来诉苦，寻求我的帮助。一位妈妈说她的儿子大了，就想培养他艺术方面的兴趣，送去美术班学习，谁知孩子对此并不上心，倒是一天到晚老爱跑到外面去抓虫，为此她苦恼不已。另一位妈妈说自己的孩子迷汽车迷得不得了，老嚷着长大了要去修理汽车。为了把孩子扭转过来她可谓用尽了办法，也伤透了心，之所以这样做是因为她见时下的孩子们都在学电脑，将来赚的钱又多又体面，因此不甘心让自己的孩子将来低人一等。

前一个妈妈所说的情形，就是父母一种功利性的表现，试想他的儿子要是跑去观摩名人字画，而不是跑到外面去抓虫，她还会为此苦恼吗？可我们谁又敢肯定，这个一天到晚老爱跑到外面抓虫的男孩子，日后不会成为一位动植物学家呢？而另一位妈妈的担心明显是多余的，其初衷更是错误。这种错误来源于一种意识，就是紧跟当前社会上的一些不正之风。姑且不论这些学电脑的孩子将来会不会都学有所长，即使都能成为有关电脑方面的专家，可他们中间又能出几个比尔·盖茨呢？国家又该为这些数以千万计的人才安排些什么样的工作呢？

也许是因为从事教育工作的原因，我一直很喜欢读名人传记，在对名人的小时候进行了研究之后，我有这样一个深刻认识，那就是在培养孩子的兴趣时，我们不应该局限孩子的兴趣方向，更不应该带着功利的眼光去看待孩子的某些兴趣。

莱特兄弟在很小的时候，就对宇宙空间产生了浓厚的兴趣，常常想象两人一人长一双翅膀，在天空里飞翔。于是他们常爬到树上去，或踮起脚尖去摸月亮，或挥舞着手臂在树杈上嬉闹。结果呢？好几次兄弟俩都被重重地摔了下来。他们的父亲知道后，非但没有因为两兄弟幼稚可笑的举动责怪他们，相反却启发、鼓励他们。神话般的奇想和浓厚的兴趣引导着兄弟俩走上了研究航空的道路，1903年莱特兄弟真的驾驶着自己制造的飞机翱翔于万里碧空。

我们可以说莱特兄弟成就的取得来自于他们浓厚的兴趣，但同时也不应该忽视父亲对他们的鼓励和启发。为了不让孩子的将来被我们一时的错误意识而断送，请在教育孩子的时候，一定要规避掉功利性的打扰。

让兴趣成为习惯

在生活中，我们会有这样的一种体会，那就是当一种行为被重复多次之后，久而久之便会成为一种规律，除非我们有意识地去改变，否则很难冲破它的束缚，这也就是我们日常所说的习惯成自然。换言之，当我们对一件事物形成习惯后，就会很自然地按照旧有的行事方法去看待或处理它。所以在培养孩子的兴趣时，家长要努力让孩子把某方面的兴趣变成习惯，这样就可以使孩子建立起长久的兴趣爱好。

但对于很多父母来说，经常为孩子身上出现的这样一种情况而苦恼，比如一个小孩看到其他的孩子学钢琴，他也想学，哭着闹着要钢琴，可若真的买来钢琴让他学，他或许学几天就没有兴趣了。实际上这个孩子真正感兴趣的不是弹钢琴，他真正感兴趣的可能是那不能轻而易举得到的神奇声音，可能是别人羡慕的目光和掌声，而这一切得来，当然是需要经过刻苦地练习弹钢琴才可以的。对此，父母该怎么办呢？

这确实是一个问题，只是这个问题归根结底还是因为家长在培养孩子的兴趣时，没有让这个兴趣成为孩子的一种习惯。那么，我们来看看孩子的习惯是怎样形成的。

儿童某种行为习惯的产生，通常来自于两方面的因素：一方面是孩子的遗传天性，例如天生外向的孩子喜欢舞刀弄枪，内向的孩子则可能喜欢拼图；另一个方面就是外界环境的影响，比如在学校时，不同的老师会促使孩子形成不同的学习习惯，因为老师对孩子的要求是不同的。孩子的某种行为出现后，他有可能获得两种体验，一种是快乐的，一种是痛苦的。如果他所获得的体验是快乐，那么这种行为就会被孩子坚持下来，从而形成为习惯。如果他获得的体验是痛苦的，那么这种行为自然就会被他抛弃，因为人的本性是趋乐避苦的。

由此我们可以看出在上面的事例中，这个孩子也想和其他孩子一样，能在钢琴上弹奏出那种神奇的声音，获得别人羡慕的目光和掌声，可在孩子练习弹钢琴的过程中，获得的却是一种痛苦的体验，也就是说他想享受弹奏出神奇声音的美妙，但没有预想到为此会吃这样的苦头。其实这样的情形在大人身上也有体现，只是我们比较理智，在一定程度上抵制了这种情形的扩展，因为我们知道只有经过磨练才能有所成就，而孩子却没有这样的认识，或者即便有也相当薄弱，此时家长就应该一边帮助孩子建立或加强这种认识，一边给孩子描述出当他有所基础时的快乐场景，激励起孩子的信心。

事实上，在孩子把一种行为变成习惯的过程中，往往需要父母或其他成年人的介入和影响。我们把这种介入和影响叫做“外控”。有效的“外控”会帮助儿童形成或者瓦解一种习惯。那么，“外控”又是如何起作用的呢？我们举例来说明。

要是孩子喜欢读书，并能在读书的过程中获得了乐趣。那么，此时我们如果能够给予孩子足够的关注和支持，比如为孩子做书架、买书或者称赞他，孩子就会很快形成阅读的良好习惯。也就是说，假如我们的“外控”和孩子的兴趣是同向的，我们就能加速孩子习惯的形成。

与此相反，如果“外控”与孩子的兴趣是相反的，就会阻碍甚至破坏孩子习惯的形成。不少孩子喜欢读一些课外书，但很多父母却认为这是孩子不好好学习的行为，于是便粗暴地要求孩子只读与学校里的课程相关的辅导书，不允许孩子读自己感兴趣的课外书，这样的情况长此以往下去，孩子读书的兴趣也就逐渐丧失了。

由此我们可以这样说，孩子的兴趣可能是自然发生的，但更多的时候需要靠家长的培养来获得，而要让孩子的兴趣演化成一种习惯，家长的培养更是不可或缺的。那么，如何使孩子的兴趣得到巩固，进而演化为一种习惯呢？一句话，在日常的生活中，家长应该潜移默化地给予孩子积极的影响。比如孩子有看书的好习惯，有条件的家长就可以经常带他到图书馆或书店，并且大可以把它安排在日常生活的例事日程中，或者把书放在家中显眼的又不经意的随时都能触及的地方。

另外一个让孩子的兴趣成为一种习惯的方法就是，不断激发孩子的好奇心。因为孩子的兴趣往往是同他的好奇心联系在一起的，而好奇心则是他认识世界的原动力。对此家长一定要保护和激发孩子的好奇心，让它发展成孩子的兴趣，进而发展成一种习惯。具体的方法应该是这样的，假如孩子想了解蜜蜂住在什么地方，父母应该这样说：“让我们瞧一瞧，也许我们能发现它飞到何处去了。”对孩子的提问，你应该总是这样开头：“让我们一起发现它……”记住，亲历的东西远比从书本和电视节目中学到的知识印象深刻，更有利于孩子兴趣的生成。

综上所述，父母应该把孩子的兴趣培养成一种习惯，这才是兴趣教育的真谛所在，这也正如我国著名教育家叶圣陶所说：“什么是教育？简单一句话，就是养成良好的兴趣习惯。” 而对此，美国心理学家威廉·詹姆士也认为：“播下一个行动，收获一种习惯；播下一种习惯，收获一种性格；播下一种性格，收获一种命运。”

就让我们帮助孩子播种下一种习惯，并在此基础上形成一种良好的性格，为他们将来的人生打好坚实的根基。

第五章
培养孩子自信

自信与自卑的区别，就犹如白昼与黑夜。若你的孩子蜷缩在黑暗的角落里，请给他一盏灯的光亮。

自信是一种态度

在教学过程中，我经常会碰到这样一些学生，他们总是以这样的语气问我："老师，您看我写的这篇作文能行吗？"有的干脆直接说："老师，您看在语言和逻辑方面我的这篇东西是不是还有欠缺啊？"

对此我跟他们说："我在布置作文的时候，已经做了具体的要求，所以把它写出来之后，符不符合要求，或在某些方面有所欠缺，最清楚的应该是你们自己。即使我说这篇作文有什么地方写得不符合要求，你们也应该据理力争才对，因为把它交到我这里来，就证明对它你们有完全的自信。"

在交作文的时候我对学生们说，如果他们认为自己的作文符合当初布置作文时我所说的要求，就交上来。结果有四分之三的学生没有交作文。事后我拿那些学生的作文来看，发现大多写得还是不错的，我问他们为什么不交上来，他们支支吾吾半天，都说对自己写的作文感觉没有信心，所以没有交上来。

从这件事当中，我明显地感觉到我们的孩子没有自信，而且非常错误地把自信和感觉联系在了一起。如果自信是一种感觉的话，那就是说今天他们或许因为没有自信的感觉不把作文交上来，明天可能就会有自信的感觉把作文交上来了，因为感觉本来就是不可捉摸的，它具有不可预测性。而实际情况是，这四分之三学生的作文若不是我事后去查看，他们肯定会在改了又改之后，还是不会把作文交上来。由此可见，自信不应该是一种感觉。

那么，什么是自信呢？自信就是一种发自内心的对自我的肯定与相信，即相信自己有能力实现自己既定目标的心理倾向，它是建立在对自己正确认知基础上的，是对自己实力的正确估计和积极肯定，属于自我意识的范畴。从这个意义上面来说，自信更应该是人的一种态度，也就是说因为我对自己怀有一种强烈的相信自己的态度，所以我显得自信。这种态度不会因为遭受了失败、经受了挫折而改变，也不会因为外来的打击和逼迫而放弃。

一位名人曾经说过这样的一句话，他说："信心是成功的一半。"这句话也就是说，我们之所以会成功，是因为我们旨在成功，而这里的"旨在成功"，也就是我们强烈的对成功怀有的信心。事实上的确是这样，当你充满信心地去做某一件事时，必然会达到"事半功倍"的效果。这句话用在孩子身上，同样适用。

孩子在学习方面的自信心主要表现在以下几个方面：学习、精神状态、社交口才、能力、个性等。对于单个的孩子来说，有自信就是要做到：相信自己能学好，知道自己该怎么学并能认真去做；有良好的精神状态，能够坦然面对生活，即使遇到困难和阻力也不轻易改变信念或者放弃；对自己的社交能力深信不疑，能够和多数人融洽地相处，轻松自如地交往；对自己的能力充满信心，相信自己只要努力，就能处理好一切事情；相信自己是最好的，能够全面客观地评价自己、认识自己、悦纳自己。

从上面的论述中，我们还可以得出这样的结论，那就是自信不单单是一种态度，而且还是一种乐观的态度。因为乐观的根本定义是深信挫折或失败是由于外在因素造成的，所以完全可以靠人为的努力去扭转。于是，只有当我们拥有了乐观的心态，才能坦然面对人生中的种种不顺和逆境，也才能使自己长期处于一个良好的精神状态，以一颗平稳的心态与人相处。就像孩子在学习的过程中，有些孩子认为学习成绩差是因为自己的缺陷，而有些孩子则认为这只是暂时的现象，是可以通过自己的努力改变的。于是我们可以这样说，悲观的孩子找自己的原因，乐观的孩子寻找自己以外的原因，但从自身作起。

这正迎合了美国著名的成功学奠基人和励志导师罗杰·马尔腾所说的话："你成就的大小，往往不会超出你的信心的大小。不热烈地坚强地希求成功，期待成功，而能取得成功的，天下绝无此理。成功的先决条件就是自信——缺乏自信，就会大大减弱自己的生命力。"所以，为了让孩子能有一个美好的未来，我们必须现在就培养他们乐观的心态，也就是让每一个孩子都拥有一份自信。

孩子为什么不自信

孩子不自信，从一个侧面也就显示出孩子可能有自卑的情绪，但对此，很多家长的重视不够，有的反而认为是孩子谦虚的表现。殊不知，它对孩子的危害是极大的。过多的不自信叠加在一起，很容易让孩子产生出自卑的情绪，从而形成一种性格上的缺陷。如果孩子有了这样的一种缺陷，将不利于他们的成长和发展。从心理学的角度来看，自卑属于一种性格的缺陷，具体表现就是对自己的能力和品质评价过低，缺乏正确的认识。它在日常生活中就体现为胆小懦弱，办事无胆量，畏首畏尾，随声附和，没有自己的主见，一遇到有错误的事情就以为是自己不好，进而陷入一种自我谴责的泥潭里不能自拔。在这种性格缺陷下，孩子就会像一株生长在阴暗角落里的含羞草，终日见不到光明和希望，只能无助地自怨自哀。自卑对孩子全面的健康发展是极其不利的，长此以往下去，孩子将会因此丧失勇气和信心，而且，一旦孩子对自己某方面的能力丧失自信，可能就会连带对自己其他方面的能力也丧失自信，最后造成多方面甚至全面地落伍。如果发展到严重丧失自信心的地步，孩子还会出现更多生理上或心理上的异常。所以家长对此要尤其注意，应该尽快并且彻底地帮孩子脱离出自卑的阴影。

那么，首先让我们来看看让孩子不自信的原因主要有哪些。

1. 学习中遭受了打击。

虽然素质教育已经提上了我国的教育方针大纲，但目前许多地方的中小学以应试教育为主的现象还是很严重的，大部分家长对孩子学习成绩的关心超乎想象，甚至有不少家长还像过去一样仅仅依据学习成绩的好坏来评价孩子，认为只要成绩好，孩子一切都好；只要成绩不好，孩子一切都不好。毫无疑问，家长对孩子的这种思维方式和评价标准严重地影响到了孩子的健康成长，使他们背负了太重的学习压力，尤其是那些学习成绩不够理想，或偶然在考试中失误的孩子，在面对家长巨大压力时往往不能对自己加以正确地认识，从而产生了自卑的心理，萌发了破罐子破摔的念头。

有一个爱劳动、懂礼貌的孩子，只是因为自己的学习成绩不是很理想，就开始对自己产生了怀疑，总觉得自己不是老师心目中的好学生、同学心目中的好伙伴；另外有一个初二学生因为性格内向，不善于和同学们交往，便因此认为自己处处不如人，比别人笨，不是学习的料，自卑心理很重，最终萌生了自暴自弃的念头，上课时不再认真听讲，作业也不再按时完成，考试交白卷，放学后就与一些社会青年混在一起，抽烟、喝酒、打架，在家时与父母情绪对立，听不进家长的话。

2. 缺乏对成功的体验。

有些孩子在日常的生活和学习中曾经遇到过多次的失败与挫

折，也就是做事的成功率不是很高，以至于以后在做什么事情时心里都感觉无所适从，一遇到不顺利的情况就心灰意冷。有这样一个口才不太好的学生，一次他在大庭广众之下发言失败，耳边听着人们的哄笑，尴尬得很，恨不得立即钻到地缝里去，后来一提起让他发言就浑身打哆嗦；某小学五年级女生，平时在与小伙伴交往的时候就畏畏缩缩的，特别不自信。一次在班里选班干部时，尽管她的票数很多，可她就是说什么也不愿意当，后来尽管在老师和同学们的鼓励下任了班里的文艺委员，可不久就因为组织联欢会受到了阻力，又打开了退堂鼓。

南京市教委曾经对1200余名小学生做过一个调查，发现其中有四分之一的学生有失败感受。有的孩子想提高自己的学习成绩，结果事与愿违；有的孩子想组织好一项集体活动，结果却不理想；有的孩子想使自己勇敢起来，可还是像往常一样被别人讥笑……如此接二连三地遭受挫折和失败，使孩子从心里产生出一种消极的意识，那就是觉得自己不如别人，因此对生活和学习的热情逐渐地降低，并且在这种失败感的伴随下，对孩子形成健康人格的负面影响也极大，他们会出现孤独不安、考试焦虑、过分自责、行为退缩等心理障碍。严重的甚至丧失了对未来生活的信念与求知的欲望。

3. 身体上有缺陷。

有一些孩子因为相貌丑陋、身材矮小、身体有残疾，于是常常把自己封闭起来，体验着常人无法理解到的失望与痛苦，进而陷入一种自轻自贱的自卑境地；一些肥胖、口吃、五官不正的孩子也会经常被同学们视为异类，受到嘲笑。比如有一位高一的女生因为自己肥胖，总觉得同学们在背后对她指指点点，一次在和某同学聊天的过程中，对方在无意间说起了要加强锻炼和注意饮食的话题，她便因此认为这个同学因她胖而瞧不起她，为此她极度感到自卑，上课时再也无法把注意力集中到老师讲课的内容上，课下也不想看书，更不愿意和别的同学一起玩，因而显得很颓废，自己也觉得上学简直就是“活受罪”。

武汉曾经在学生中间进行过一次调查，其结果是令许多家长都想象不到的，这项调查表明，现在的中小学生有逾八成孩子自卑的原因是觉得自己“长相不美”。

4. 自己的能力存在不足。

孩子虽然年纪小，但他们也和大人一样在群体之中生活，他们也会认识和接触很多的人或事物，于是一些先天或后天能力相对较弱的孩子在能力较强孩子的面前往往会明显感到自己的不足，因此而产生挫折感。比如有的孩子身体条件不如别人，动不动就生病吃药，被伙伴们嘲笑是“药罐子”；有的孩子记忆力很差，别的同学看三四遍就能背诵出来的古诗，他花了很长的时间、费了很大的气力也不能很流畅地背出来，常常被同学说成“笨蛋”；有的孩子五音不全，唱歌时老跑调，而且连一首歌都不能完整地唱下来，常常受到别人的鄙视，自己也觉得很失落；有的孩子社交能力不强，不善于与别的孩子交往，在学校里没有好的朋友或伙伴，显得落落寡欢，与别人格格不入，因此感觉到自己做人很失败；有的孩子天生运动能力欠佳，身体的协调性也不好，跑步、跳绳显得笨手笨脚，别的同学也不愿意跟他一起玩，心里常常责备自己……

比这些情况更为严重的是，这些在某个方面能力较差的孩子，如果得不到家长或老师的正确对待与引导，在心里就会产生出畏惧情绪来，对许多事情望而生畏。假如因此而产生恶性循环的话，就会使他觉得那些比自己强的孩子越来越强，而自己却是越来越弱，之间的差距也越来越大，于是自卑的心理也会越来越强烈。

5. 过高地要求自己。

有的孩子由于盲目，从而设定了超出自己能力之外的要求，或者因为过于追求完美而陷入了自卑的泥潭。有这样一个孩子，他在学英语的时候，一心想让自己的发音与“老外”一样纯正，于是一天到晚不停地练习。有一次，当他与“老外”进行对话之后，发现自己的发音与纯正之间还是有很大的差距，于是一时间学英语的自信心大受挫折，兴趣也一落千丈，竟然在以后的半年中不愿意当众说一个英语单词；另一个孩子一心想夺取学校钢琴大赛的冠军，但结果却未能如愿以偿，于是便由此断定自己没有弹琴的天赋，放弃了练琴，以至于当母亲让她练琴时，缺乏自信的她手指直打哆嗦，连最简单的练习曲也弹不好了。

6. 低估了自己的能力。

在我国的传统文化里很强调谦虚，认为谦虚是一个人应该具备的基本美德，所以从小在对孩子的教育中也一再强调谦虚。谁知道结果却是，孩子们往往因此高估了他人的能力，而看轻了自己，并且经常拿他人的长处与自己的短处进行比较，于是在这种比较中越来越觉得自己不如别人，越比越泄气，越比越没有自信。形成这种情况的原因，可能是有些家长错误地引导了孩子，也可能是有些孩子错解了家长的要求，但不管怎样，都不应该使孩子养成自轻自贱的习惯。

强化孩子的自尊心

自尊心与自信对于一个人来说，是密不可分的。一个人有没有自信，一般取决于这个人是不是有足够的个人自尊心。而所谓自尊心，就是尊重自己，维护自己的人格尊严，不容许别人侮辱和歧视的心理状态。它来自于对自己的评价和他人给予的赞扬和认可。从理论的层面上来说，一个人的自尊心越强烈，这个人的自信心也就越高。因为个人自尊心是一种个人要求受到尊重的感情，它力求保持自己在集体中的合理地位。在这方面，孩子跟大人是一样的。或许有的家长对此并不赞同，而且也很不理解孩子的自信怎么会跟个人的自尊心联系在一起呢？甚至更有些家长会觉得孩子毕竟还只是个孩子，他们从生下来便在自己的呵护下成长，从当初的喂奶、换尿布，到后来的衣食住行，那一样能少得了父母，难道孩子还会在自己面前寻求自尊？这是很多家长在认识上的误区。我儿子两三岁的时候，还是我们两口子给他洗澡，四岁那年就死活不再让我们插手了，尤其是我妻子，靠都不让她靠近。这就是孩子开始有了自尊心的表现。同时我们也可以得出这样的一个结论，孩子最初的自尊心，是从父母那里获得的。所以家长对孩子自尊心的培养有着不可推卸的责任。

在自尊心的词语解释里面，对于它的含义有这样的阐述：具有自尊心的人，能够积极履行个人对社会和他人应尽的义务，为人处世光明磊落，对工作有强烈的责任心；在学习方面，能够发扬自觉、勤奋、刻苦的精神；而自信就是相信自己有能力实现一定愿望的心理状态，它必须建立在对自己和对事物的正确认识的基础上。正确的自信心能使人意志坚定，不怕困难。由此我们可以这样说，自信心与自尊心两者之间是相互依赖又相互补充的有机整体，试想一个连自尊心都没有的人，对自己、对事物都没有一个正确的认识，他又如何能意志坚定、不怕困难地去做一件事情呢？而一个没有自信的人，他又如何能怀着强烈的责任心对待工作，怀着勤奋、刻苦的精神对待学习呢？所以家长在帮助孩子建立自信心的同时，应该首先培养孩子的自尊心。

有关教育人士就曾经指出，自尊心是孩子行动的内部动力，它能激发出孩子积极向上的精神力量。随着孩子年龄的不断增长，他们的行动、语言、智力也随之不断在发展，并逐渐开始认识自己，把自己作为主体从客体中区别开来，对自己可以完成的动作总是要求自己独立完成，而不希望有成年人来帮助。例如：“我自己吃”、“我自己走”、“我自己拿”等。此时是家长培育孩子自尊心的最好时机，如果能对他的行为给以正确的评价，将对他们个性的成长和以后的人生历程具有重要的意义。反过来讲，如果此时没有对孩子进行恰当的教育，而让孩子去从事某些活动，他们就有可能因为生活经验不足，遭受到挫折和失败，同时又得不到成人的帮助和鼓励，甚至遭到责备，他们就会因此产生自卑的情绪，给再教育带来困难。

另外一个方面也很值得家长重视，就是在培养孩子个人自尊心的同时，还应该检查自己的价值观是否影响到了孩子，是否影响了孩子对自己的评价和对世界的认识？在许多家庭中，父母虽然也是爱孩子的，也有保护和忍让孩子的意愿，可就是没有把孩子放在与自己平等的位置上来，所以在批评孩子某些不正确的言行和举止时，从来不会顾及到孩子的内心感受，并认为这是理所当然的。其实这种做法是完全错误的，对孩子的自尊心将会带来很大的伤害，同时孩子也不会因此就反省自己，反而对父母心怀不满，若进一步发展还会引起孩子的反抗。其实这都是家长教育不得法的结果。在此，父母要明白一个道理，就是孩子的自我评价很大程度上来自于家长对自己的评价。一位心理医生非常痛心地讲述他碰到的现象："很多家长为了孩子的问题来找我，当他们绘声绘色地描述着孩子的种种不良行为时，孩子就站在旁边听着呢！"

在这样的情形下，孩子的脸面被指戳得千疮百孔，自信和自尊心又从何谈起呢？所以，即便孩子的某些言行有欠妥当，家长也应该斟酌好药说的话，切忌在外人面前对孩子品头论足，更不应该在外人面前对孩子的种种不是加以批驳。那么，是不是孩子有错父母也不要进行教育了呢？当然不是了，对孩子的教育还是不能放松的，只是应该讲究一下方式和方法。以下两点意见，各位家长可以拿来当作参考。

1. 不要随意惩罚孩子

训斥和打骂会损伤孩子的自尊心吗？结果全在于家长的态度和意图。给固执的孩子一点警醒有时可能会奏效，但家长应该注意的是，不要把自己工作和生活上的烦恼发泄到孩子身上，更不应该当着外人的面打骂或嘲笑挖苦孩子。每一个为人父母都应该牢记，自己是孩子眼中公正和秩序的化身，如果以恶劣的态度对待孩子，一方面会激发孩子的逆反心理，另一方面会打击孩子脆弱的心灵，更糟糕的是，孩子还会怀疑自己是否是父母亲生的，家长是否真的爱他。

这样的情况很多家长都经历过，就是因为孩子犯错或不争气，一时气愤打骂了他，过后又心疼后悔，想方设法补偿。说实话，这一系列行为对孩子的成长没有任何意义，孩子不会因为父母粗鲁的打骂便对自己的错误加以改正，而且家长事后道歉或补偿，也不能减轻孩子心中的委屈或伤心。家长是成人，比孩子具备更多的经验和耐心，所以一定要在孩子犯错时压下怒火，用讲道理的方法感化及纠正他。

2. 让孩子享受平等

把孩子当成一个独立的个体，在家庭生活中让他做一些力所能及的事情，参与家中一些他能理解的事情的决策，这样会使孩子感觉到父母对他的重视，进而树立起他自尊自强的品质。

例如，要给孩子添置一盏台灯，就可以事先征求孩子的意见，问问他觉得“买哪一种灯好看？”要给孩子买课外书，也最好先询问一下什么书他既感兴趣又对学习有帮助。不要轻视孩子的意见，他们的思维能力远比我们想象中的要棒。如果你对他说：“你看妈妈都工作一整天了，回来还得做晚饭，饭后还要洗碗筷！”说不定，他会很主动地在饭后把碗筷给洗了呢！

另外，在日常的家庭生活中，家长还应该允许并鼓励孩子质疑自己的话，并在证实是自己错了的时候勇于向孩子承认错误。在这样氛围中长大的孩子，会时刻感到自己的重要性，如果他的意见被接受、采纳、重视，那么他的自信和自尊心也会随之萌发。

培养孩子自信

在人的一生中，自信是一个人最珍贵的品质之一，在获取人生成功和幸福的过程中，它是最为重要的一种心态。美国著名的成功学奠基人和励志导师罗杰·马尔腾对于自信的作用就曾说过：“你成就的大小，往往不会超出你的信心的大小。不热烈地坚强地希求成功，期待成功，而能取得成功的，天下绝无此理。成功的先决条件就是自信——缺乏自信，就会大大减弱自己的生命力。”

从孩子终身的发展角度考虑，家长应该在日常生活中帮助孩子建立起强大的自信心来，以使孩子健康茁壮地成长，并为他将来在社会上大展拳脚铸造一面坚强的后盾。那么，该从哪些方面来建立起孩子的自信呢？根据我多年的教学经验和对名人小时候的研究，父母应该学会激发孩子主观上“我能行”的积极因素，增强迎难而上的决心，这要比关注老师是不是重视他更重要。

1. 让孩子拥有一颗爱心

爱心是人的一种本能情感，它可以让人感觉到阳光的温暖，也可以让人感觉到清泉般的甘甜。而对于孩子来说，亲人的爱是他们信心的依附和支持，更能激发出他们对整个社会的感恩和对他人的关心。家长要坚持以耐心、爱心去对待孩子，不要嫌他烦，也不要把孩子作为自己工作生活中不如意情绪的发泄对象，更不要以忙、累为借口疏远孩子。请在一天中抽出半个多小时的时间与孩子交流，听听他们一天里做的事情，让孩子感受到您对他的关心。您的爱心会换来孩子对这个世界的关爱，而一个有爱心的孩子，势必也会得到更多人的爱护和帮助。

2. 帮助孩子克服恐惧

恐惧与喜怒哀乐一样，是人类与生俱来的一种情绪，它的到来我们是无法逃避的，比如生离死别，比如天灾人祸，但个人情绪上一些有关恐惧的念头，却可以通过自我调节的方式来加以克服。孩子和成年人一样，他们也会感觉到各类恐惧，比如晚上熄灯之后，孩子的卧室就可能变成可怕的地方。3岁的男孩“发现”壁柜里有鬼怪出没，8岁的女孩“看到”潜逃的杀人犯在窗口张望。这些恐惧的出现，是孩子成长过程中必然伴有的现象，不足为怪，但家长却不能不引起重视。家长应该帮助孩子克服恐惧，使他们能够健康地成长。只是在这里要重申一点是，帮助孩子克服恐惧，并不就是说将他们与所有可怕的事物隔绝，这既不可能，也无必要。一位心理学家说：“如果孩子完全在父母的庇护下生活，长大了也会很脆弱。一旦灾难或不幸到来，他们就会垮掉，因为他们无力承受，也不知怎样应付。”

具体来说，在不同年龄段的孩子面对恐惧是不同的。学龄前孩子的恐惧，大多来自于生动的幻觉，所以父母在帮助他们克服恐惧之前，要对他们的幻觉有所理解。孩子到3岁左右，想象力开始发展，而且十分生动，这对他们的智力发育十分有益，但与此同时，各种幻想中的“妖魔鬼怪”也会骚扰他们的心灵。这时父母可以递给他一个手电筒，告诉他只要打开这个就什么也不用怕了，它可以驱除鬼怪。也可以在孩子睡觉时放一些轻柔舒缓的音乐，使他分心，伴他入眠。还可教他数数，以消除杂念。或者安慰他，不用担心，爸爸妈妈就在隔壁，守护着他的安全；小学生的恐惧，大多是对事实经过自己生动的加工之后产生的。例如一个二年级的男孩听同学说有个杀人犯越狱逃跑了，就在附近活动。从此，这个男孩晚上就怎么也睡不着觉了。后来父母在和他交谈之后，在他卧室的窗户上按了个铃铛，用绳拦着窗户，告诉他只要铃铛一响，父母就会从隔壁赶来保护他，这个男孩才安稳地睡去。对于这个年龄段的孩子来说，父母应该与孩子多交流，借助一些科学读物增长他们对世界的认识，在看电视时应避免让孩子看暴力镜头，如果孩子的某种恐惧持续难停，父母还需从自己身上找找原因，或许是家庭中的某种不安定因素，导致孩子产生恐惧。例如，父母关系不和经常吵架；青少年的恐惧很大一部分是因为社交，而父母在帮助孩子克服社交恐惧时，可能也感到相当棘手。因为这时的孩子在穿着打扮、待人接物、婚姻恋爱等问题上，已经有了自己的观点，很少再信奉父母。所以此时家长能做的就是鼓励孩子多交朋友，并在择友上加以指导。通过广泛交友，孩子会发现，与他最好的朋友也有着同样的恐惧。这样就会明白，自己的社交恐惧并不像想象的那样可怕。

在这里还要向家长说明的一点是，我们不能指望孩子对什么也不惧怕。即使是成年人的我们，同样也会有很多恐惧。我们只要让孩子学会控制和克服恐惧就可以了。当孩子学会控制和克服恐惧之后，他对社会的理性认知就会上升，在做某件事情时就不会存在畏缩的心理。这对打造他们的自信，是很有帮助的。

3. 帮助孩子找到自己的长处

您应该让孩子树立这样的理念：任何人都不是十全十美的，都会有不懂或不会的地方，但同时也都有比别人出色的地方，大人和小孩都是一样。例如，孩子唱歌跳舞不行，可他画画还可以；孩子数学不行，可他作文写得还不错；孩子语言表达能力不强，但他认识很多字；孩子体育方面差强人意，但他心地很善良……

只要足够细心，家长就会发现，虽然孩子确实有很多地方比不上别的孩子，但他总有那么一项比别人优秀。对于他的弱项，只要他尽力而为就可以了；对于他的长处，家长就应该不断鼓励，使之更趋于优势地位。所以，此时家长一定要成为孩子坚强的后盾，当他们遭受失败时，我们有责任鼓励他们，教会他们怎么应对困难。

当然，家长在对孩子的某一方面进行夸奖和鼓励时，也要掌握一定的分寸。对于个别孩子，他的自信已经快溢出来了，就不妨在他旁边敲敲边鼓，让他知道“人外有人，天外有天”的道理。自以为是的“超人”孩子，更容易丧失自信。

4. 对孩子说：“我相信，你能行！”

请一定要相信，这句话所具有的潜在力量用于激励孩子，功效是不可估量的，尤其是在孩子遇到困难而出现退缩畏惧时，家长可以不断强调这句话，用它来鼓励孩子。除此之外，在日常生活中家长还可以让孩子做一些“跳一跳才可以摘到果子”的事情。

例如，如果孩子会用绳子打一个结，那就让他再学着打蝴蝶结；如果孩子会排列书架上的图书，那就再让他学着整理抽屉；如果孩子会折毛巾毯，就要求他再学着叠薄被子等。当孩子把生活中的很多“困难”都去体验，去克服了之后，他就会从内心里感受到克服困难的喜悦和成功的快乐，与此同时，在意识中他将会自然而然地产生“我真的行！”“原来我也可以干！”的信心。

自信心是支撑一个人做任何事情的原始动力，要让别人发现自己孩子的长处，并且重视他、相信他，家长首先就要帮助他建立对自己的信心，这在家庭教育中是必不可少的一个环节，也是当务之急。有人说：“自信是一根柱子，能撑起精神世界里的广漠的天空；自信是一片阳光，能驱散迷失者眼前的阴影。”帮我们的孩子建立一片自信的天空，让他们在这片天空里自由地飞翔。让我们的孩子充满着自信，让自信的阳光照亮他生命的每一个角落。

掌握自信的度

世界上的万事万物都有一个底线，也就是我们平常所说的“度”，一切好的东西完美过了头，就会显示出其丑恶的一面来，这是事物发展的一个必然现象，正如辛弃疾在他的诗词里面所言：“物无美恶，过则为灾”。举一个简单的例子来说，勇敢对于一个人而言本来是一种可贵的品德，可如果有人把这种品德用在拦路打劫上，任凭谁也不会再赞同这是一种可贵的品德，因为他危害到了他人的人身安全。所以在让孩子拥有自信的同时，也不能让他自信过了头，变成一个自负的人。自负对一个人的危害是不容忽视的，作为人性中的一个弱点，它会让人变得盲目自大，自以为是，不再依据现实的情况来判断事物的发展趋势，而是主观臆断。这样的人，最终是没有好果子吃的，大多只能以失败来收场。

自负，是一个人走向失败的催化剂，从本质上来说，它是一个人无知的表现。无知有两种表现形式，一是盲从，二是狂妄。其中自负在更多时候表现出来的是狂妄。俗话说：“自知者明”，而无知却常常会使一个人在主观上过度地膨胀自己，近乎于狂妄地贬低别人的能力和价值。虽然在一定程度上来说，自负的人常常是因为有一定的资本才看不起别人的，但谦虚使人进步，骄傲使人落后，这是永远不会变的，而且骄傲自大的孩子一般都心胸很狭窄、嫉妒心强，所以在权衡利弊之后，为了孩子能有一个完整且美好的人生，应该杜绝孩子的自负情绪。那在具体生活当中，如果孩子出现了自负的情绪，父母应该怎么办呢？

1. 耐心教导，让孩子对自己有一个正确的评价。

对自己过高的估计往往会使孩子出现自负的情绪，在这种情绪之下，孩子会认为自己比任何人都强，只看到自己的长处，看不到自己的短处，跟别人进行比较时也是拿自己的长处比别人的短处。因此，他们在做事和与人交往时大都会以“自我为中心”，想干什么就干什么，不会设身处地的为别人着想。作为父母，应该通过耐心的教导，使孩子能够正确的评价自己，既认识到自己的优点，也看到自己的不足。在孩子对自己有了一个比较正确的评价之后，父母还应该在日常的生活中规范孩子的行为，督促他们改正自负的情绪。因为孩子以前一直很自负，发展至今已经形成了一种习惯，父母规范和督促的目的就是为了扭转孩子自负的习惯。

2. 表扬时感情要流露出“淡浓”适当的态度。

在一些家庭中，父母望子成龙心切，孩子在学习和其他方面稍微有一点进步，就欣喜若狂、赞不绝口，恨不得一下子把孩子捧到天上去。殊不知，久而久之，势必会助长孩子自满自负的情绪。正确作法是：在表杨孩子时，高度重视感情的作月，尽量做到“浓淡”适度，有时对孩子轻轻的一个微笑，也许就会起到许多赞美之词难以起到的作用。并且，父母应尽量少在外人面前夸奖自己的孩子，因为小孩子的自我评价能力还很差，看到那么多大人肯定自己，会产生错误的认识，认为自己真的有多么优秀，从而产生自负情绪。

3. 不能过多地以物质作为对孩子的奖励，要以精神鼓励为主。

有很多家长，当孩子在某一天当中表现很好，就会给他买一些物品或者直接给现金，以作为奖励。其实，这样的做法是不对的，一方面会滋长孩子的虚荣心，同时也让孩子变得自负。一般情况，孩子只要能得到口头赞杨，心理上就会得到满足，过多的物质奖励，有时会强化孩子产生沾沾自喜、自傲自大、忘乎所以，甚至产生不思进取的心态。所以父母要注意，过多的物质奖励对孩子不仅没有益处，反而使他们无法明白这是父母的一片苦心。

4. 以身作则，为孩子树立榜样。

榜样的力量是无穷的，这句话应用到家庭教育当中，同样适用。父母是孩子的第一任教师，孩子性格和最终人生观的形成，在很大程度上取决于父母的言传身教。可以这样说，父母是孩子观察世界的第一面镜子，所以对孩子的示范和表率作用是巨大的。因此，父母应该成为孩子高尚人格的榜样，要谦虚友善，不要在孩子面前表现出自负情绪，以免孩子受到不良影响。

第六章
培养孩子的想象力

每一个孩子的心灵，都是一扇无限敞开的门。对此，父母唯一能做的就是：成为远方的一座灯塔。

什么是想象

对于想象力的作用，爱因斯坦曾如此说过：“想象力比知识更重要，因为知识是有限的，而想象力概括着世界上的一切，推动着进步，并且是知识进化的源泉。”但对于我们大多数家长来说，想象这个东西或许有点太抽象，一时也说不清楚它的意思，因此对于它的作用模棱两可，更不要说把它贯穿在对孩子的教育中了。那么，就让我们先来了解一下什么是想象。

为了弄清想象，先介绍一个概念——表象。表象是外界事物在人的头脑中留下的影像，它们是很具体也很形象的。而想象就是在外界现实刺激的影响下，在头脑中对记忆的表象进行加工改造，从而形成和创造新形象的心理过程。其中形象性和新颖性是想象活动的基本特点，它主要处理图形信息，以直观的方式呈现在人们的头脑中，而不是以词语、符号，以及概念等方式呈现。在这个过程中，当我们阅读古诗或聆听音乐时，会有很深刻的理解。比如我们在柳永的《望海潮·东南形胜》一诗中，读到“烟柳画桥，风帘翠幕，参差十万人家。云树绕堤沙，怒涛卷霜雪，天堑无涯。市列珠玑，户盈罗绮竞豪奢。”时，每个人的头脑中都会显现出一副有关杭州秀美、壮丽风景的图画，可具体到“烟柳画桥”到底是一种怎样的景色，而“怒涛卷霜雪”又会是怎样的一种情形，大概就会因人而异了。这就是每个人想象的结果。每个人在想象的时候，都会借助脑子里原本就有的表象来进行加工和创造。

在一个人的智力活动中，想象占有着十分重要的地位，可以说是不可替代的。俄国教育家乌申斯基说：“强烈的活跃的想象是伟大智慧不可缺少的属性。”著名物理学家爱因斯坦创立“相对论”，就是采取所谓“思想实验法”，在充分发挥想象力的基础上，经过严格的逻辑思维和严密的数学推导而成的。因此，当一位物理学家赞叹爱因斯坦的成就时，就这样说道：“作为一个发明家，他的力量和名声，在很大程度上应归功于想象力给他的鼓励。”这也就是为什么爱因斯坦会认为想象力比知识更重要的原因。

在这个地球上，想象是专属于人所特有的高级认识过程。而想象又分为有意想象和无意想象。其中无意想象是没有自觉目的，信马由缰，不需要付出努力，对智力发展意义不大。较之于无意想象，有意想象则是有自觉目的，需要做出一定努力的想象，是人的智力活动的一部分。许多事物，包括某些人物形象都是有意想象的结果。比如孙悟空大闹天宫，女娲补天，嫦娥奔月等。《西游记》中的猪八戒，也是作者将猪和人的形象结合起来，从而创造出了这一猪头人身的人物形象。这样一种猪头人身，说着人话，具有人的思想感情的怪物在实际生活中不仅过去没有，现在、将来也不会有。

对此或许有些人就可能这样认为，觉得想象完全与现实生活无关，仅仅是人脑的“自由创造”。其实不然，想象虽然会在某种程度上脱离了现实，但追本溯源，想象还是以现实为基础的，是客观现实的反映。仍旧以猪八戒为例，尽管现实中没有猪八戒，但猪头、人身、五齿耙、猪八戒穿的衣服，说的语言等构成猪八戒这个完整形象的材料，现实生活中都是有的。

从某方面来说，人的想象是建立在广泛的感知、丰富的经验、渊博的知识等基础上的。只是这其中，知识所起的作用只是激发想象力的产生，所以知识越渊博并不能保证想象力就越丰富。有的人虽然知识很多，但思想僵化，见解和观念陈旧，不能充分利用已有的知识展开自己想象的翅膀，结果最终变成了知识的奴隶。

对此大概会有人产生这样的疑问，既然想象力并不完全取决于知识的多少，那么科学家的脑子是不是天生就有丰富的想象力呢？也不尽然。心理学家认为，人的大脑有四个功能部位，即感受区、贮存区、判断区、想象区。其中，感受区、贮存区和判断区是用来观察、记忆和思维的。据有关数据统计，在日常生活中的大多数人，前三个区会经常被动用，而对想象区的动用一般只有15%。而科学家却并不是这样的，他们大脑中的想象区经常处在一种积极的兴奋状态。

由此可以看出，我们若想让孩子越长越聪明，就应该让孩子的头脑中充满着想象的色彩，因为想象是构成智力的一个重要方面，也只有这样，才有利于他们心智的全面发展，更能让想象在他们以后的人生旅程中发挥出积极的作用。

想象的作用

当我们翻看发明家爱迪生的个人传记时，会有这样一个惊奇的发现，那就是他居然没念过几年书，仅仅接受过为期三个月的小学教育，而且成绩还是全班倒数第一。那么是什么使他成为一个伟大的发明家的呢？难道在他的发明创造过程中，文化知识对他没有任何帮助吗？实际情况当然不是这样的。爱迪生在被学校赶回家之后，他的母亲完成了对他的启蒙教育，并在发现爱迪生好奇心重、对物理、化学特别感兴趣后，特意给他买了有关物理、化学实验的书。爱迪生便照着书本上的介绍，自己做起了实验。在做实验的过程中，爱迪生充分利用自己已有的知识展开创造性的想象，并通过思维把想象变成创造发明。在他一生的2000多项创造和发明中，在专利局正式登记的就有1000多项。

他能够有如此多的发明创造，一方面来自于母亲给他的启蒙教育和自己的努力，而另一方面我们也不能忽视想象给他的帮助。作为一个享誉世界的发明家，如果头脑中没有了想象，无疑就会如同贝多芬没有了钢琴，梵高没有了画笔一样，其后果是不可预料的。

那么，头脑中的想象对我们会有什么样的作用呢？

从心理学的角度来说，想象主要具有以下三个方面的作用：

1. 想象是促使人的心理活动丰富和深化的重要因素

想象是人在进行思维活动时的一种特殊形式，对人智力的发展有辅助作用。它具有深刻和广阔两种特性，就深刻性而言，它不满足像知觉那样只反映事物外部和表面上的联系，也不满足像记忆那样只是对过去的认识进行再现，它是人脑对已形成的感知材料经过一系列的改造之后，从而形成的一种更深一步的认识；就广阔性而言，它不像知觉和记忆那样只限于个人狭窄的直接认识范围，而具有更加丰富的内容。借助于头脑中的想象，我们可以畅行在天上地下的任何一个空间当中，可以在现实世界和幻想世界之间自由穿行，可以追溯到几千年前的过去，可以展望几千年之后的未来。可以说，想象使人“思接千载，视通万里。”

2. 想象是促使人们创造性地进行各种实践活动的必要条件

列宁曾这样说过，“有人认为只有诗人才需要想象，这是没有理由的，也是愚蠢的偏见，其实在数学上也是需要想象的，甚至没有它就不可能发明微积分。文学作品的创作需要想象力，科学理论的建立更需要想象的参与，因为想象超越经验事实，从而导致发现新的事实和理论。”试想一下，如果人类的头脑中没有了想象，那人们所从事的各种活动就无法进行下去，更别说在此基础上做更进一步的提高了，而当今高度发达的物质和精神文明的车轮势必也只能停滞不前。其实，若没有想象，就连我们现在所取得的一切成就也都将是子虚乌有。因为失去了想象，人们对未来的一切预见，一切科学上的新发明、新发现，新的艺术作品的产生，各种知识的学习等，都行将像失去了海洋的水手，只能在陆地上做着航行的梦。

3. 想象有助于调节人的情感和意志活动

人头脑中出现的想象具有相当大的形象性，也就是说它会很生动鲜活，并在此基础上会使人有一种情感上的全新体验，从而进一步调节人的情绪。这一点在我们阅读文学作品时有最深的体会。当我们阅读某一文学作品时，会借助自己的想象与故事里的人物一起欢笑流泪，一起雀跃愤怒，而里面某个英雄人物身上所体现出来的精神和品质，也会陶冶我们的情操，并且进一步在思想上给予积极倾向的引导。另外，想象也是构成人意志行动的内部推动力中不可或缺的因素之一。前苏联学者鲁宾斯坦认为，每一种情感，每一种思想，甚至某种程度上改变世界的意志行动，里面都会有想象成分的存在。实际情况确实如此，没有了想象，人类就不可能进行任何意义上的活动。人类之所以是这个世界上的主宰，也就是因为我们拥有想象这双翅膀，而别的生物却没有。

给孩子想象的空间

孩子的世界和大人的世界是有很大不同的，其中最大的不同之处就是孩子拥有非同寻常的想象，这主要是因为当他们面对新鲜事物时，只会根据这个事物的形象、声音、色彩和感觉来进行思维，而不会像大人那样头脑中积存着诸多的框架，更不会对其进行理智的思考，权衡利弊。也就是说，孩子的想象大多来自于感官，并不会伴随着功利性的思维。那么，对于孩子，家长应该持有一种什么样的态度呢？

受几千年来儒家文化的深远影响，中国人在教育孩子的时候，总是在想法设法诱导他们遵循自己的思维方式，在对同一事物的看法上，也极力促使他们形成一种成人的看法，并以为这样才会有助于孩子的健康成长。于是，在这种思想的支配下，孩子们被强制在家要听父母的话，在学校要听老师的话，却从来不考虑这些话是否正确，是否适合孩子的要求，孩子愿不愿意接受。在这样的一种逼迫下，必然会产生如此的一种情况，那就是孩子因此丧失了独立思考的能力，也丧失了想象创造的能力，只变成了一个人云亦云的应声器。

不可否认，在对孩子实施教育的过程中，家长一直存在着这样的一种观点，那就是认为他们的人生观和世界观还不够健全，所以很有必要帮助他们将其建立起来。这种想法本来是完全正确的，只是在执行这个想法时，我们家长显得过于急躁，缺乏耐心，甚至采用填鸭式的方法，另外在灌输自己的想法时努力打压孩子自己的想法和见解，从而因此使孩子没有了自己对问题的看法和立场，更摧毁了孩子的想象空间。殊不知，正是因此我们把孩子的前途给断送掉了。

纵观我们每天的日常生活，可以说无处不存在着想象的痕迹，比如科学家提出的假说、工程师的设计、工人的技术革新、农民的新品种培育……可以说，没有想象就不会有社会的进步，就不会有飞机、轮船、汽车的出现；就不会有牛顿定律、相对论的产生……所以，对于孩子的教育我们应该给予他们一个相对宽松的环境，对于孩子的想象我们应该给予他们足够的尊重。下面这位幼儿园老师就在尊重孩子的想象方面给我们做出了很好的表率。

一天饭后，朱老师带领孩子们散步时,可爱的张子明拉住了她的衣角，说:“老师，刚刚我把梨的籽吃到肚子里去了，会不会长出梨来？”看着他因此急得通红的小脸，朱老师忍不住捂嘴笑了，旁边的小朋友也都笑了，纷纷说：“哈哈，张子明肚子里长梨……”

听大家这样一说，他变得更害怕起来，问朱老师说：“如果我的肚子里长出梨来，是不是要去医院开刀……”朱老师把他揽到身边，轻声地告诉他：“你的肚子里不会长梨的，种子生长发芽需要足够的水分、阳光和土壤，而你的肚子里没有土和阳光，所以是不会长出梨来的。”

这下张子明总算放心了，高高兴兴地回到了座位上，还边笑边说：“哈哈，我的肚子不会长梨。”

试想一下，如果张子明小朋友在向朱老师提出这个问题之后，朱老师如果一副很生气的样子，怒斥他是胡思乱想、无理取闹，孩子还会在在这样轻松的状态下既消除了顾虑又增长了知识吗？

孩子的头脑里有着不为成年人所察觉的想象，因此他们经常会提出一些稀奇古怪的问题。这些问题对于我们来说，或许是脱离实际的，有些甚至可以说是荒诞不及，但尽管如此，这也并不是我们训斥孩子的理由，我们反而应该为他们拥有这样的想法而感到高兴，因为这正是他们对知识有探究精神的表现，也正是我们对他们进行教育的好机会。所以在这个时候，我们首先要认真聆听孩子的问题，给予肯定和赞扬，同时不必急于告诉他答案，而应该通过询问的方式让他们对自己提出的问题进行再思考，然后让其把自己的思考结果说出来，家长再针对其中出现的明显的错误之处展开反问，最后可以根据实际情况做出简单的回答，留更多的空间给孩子自己思考。

现在，我国的各行各业都在提倡自主创新，因为越来越多的有识之士认识到，创新可以成就未来，而且它也是一个民族兴旺发达永不枯竭的动力。那么自主创新又来自于何处呢？它就来自于我们头脑中的想象，如果有人说没有想象就没有创新，他绝对不是在危言耸听，实际情况确实是这样。在这样的一种形式下，作为家长的你我就更应该尊重和培养孩子的想象，这里所说的尊重孩子，就是需要我们从内心深处把孩子当作一个独立的个体来看待，而不能武断地把他们当作思想的继承者。每一位家长都应该明白，孩子也是一个独立存在于世界上的个体，同成年人一样有着自己的思维和想法，因此我们应该而且必须怀着足够的理解和尊重来面对他们，想象更应该如此。

让孩子充满想象

在这里，我们首先要明白，想象的过程是属于思维范畴的，它主要有分析和综合两种形式，而且这两种形式是凭借形象来实现的。其中，分析是对已有表象进行加工改造的过程，而综合则是在此基础上把表象结合在一起的行为。比如一个人想要构造出某种新形象，他就必须先对有关的已有表象进行分析，看哪些对构造新形象没有用，就把它舍弃掉，哪些有用，就把它取出来，经过这样的一番分析之后，然后运用综合，把那些对构造新形象有用的表象结合起来，从而构造出一种新的形象。

在现今这个年代，各行各业都在提倡创新，可归根结底，创新是离不开想象的，因为想象能使人对事物的发展具有前瞻性，而这对于创新是必不可少的。如果没有了想象，创新就只能像是得不到雨水滋润的土地，终将因干旱而寸草不生。也正是因为这个原因，我们应该让孩子从小就充满了想象。

在早些年前，美国的小学生进行了一次全国性的作文竞赛，最后有一篇作文获得了特别奖，这篇作文大致如下：有几个小男孩去郊外游玩，无意间在树丛里发现了一颗蛋。就着这颗蛋孩子们展开了争论，有的说它应该是鸟蛋，有的却不这样认为，说应该是蛇蛋才对，最后他们一致决定把这个蛋拿回家去，放进烘箱中孵化，让事实证明谁对谁错……蛋壳就要破了，大家屏住呼吸，紧张地盯着看。啊！蛋里孵出一个里根总统。

就是这样的一篇作文，在美国国内备受推崇，被人们当作是孩子想象力的不可思议之作。同样是这篇美国人引以为豪的作文，把它放到我国的小学生作文竞赛中，简直不敢设想，恐怕十有八九早就被老师或评审人员当作是满纸胡说八道，团起来丢到垃圾桶里了。

在我国的教育制度下，我们每一个人都在努力使一个孩子变得不再像一个孩子，并且穷思极虑地让他们拥有成年人的思维、成年人的行事风格。这样的教育方法当然会有一定的好处，那就是在一定的条件下会让孩子明白很多世俗，早日成熟起来。可成熟是需要代价的，而孩子过早的成熟，会使他们变得因循守旧、唯父母之命是从，父母一旦不在身边了，孩子就变得无所适从，不该怎么办才好。这是孩子的悲哀，更是我们这些为人父母的悲哀，因为我们没有给予孩子正当的教育，很早就扼杀了孩子头脑中属于他们的那片思维领地。

其实我们现在的很多父母早已经意识到了这个问题，知道想象是孩子的天性，也是有助于他们成材的心理品质，只是苦于找不到方法。就曾有这样的一对父母向我说，他们也清楚想象对于孩子来说很重要，可就是不知道父母对此应该做些什么，不知道如何才能让孩子的头脑里充满想象，同时这些想象还会有利于孩子的健康成长？

对于这个问题，我想先阐述这样的一个道理，那就是要想使孩子拥有丰富的想象，就必须先来丰富孩子的知识储备。想象并不是凭空就能产生的，它是孩子的大脑对客观现实的反映，所以必须以丰富的知识作为储备和基础。就以爱迪生为例，他在10岁时就阅读了《世界文学史》、《美国史》、《罗马兴亡史》、《大英百科全书》，在11岁时阅读了牛顿的著作和电学家法拉第的著作。正是由于从小就积累了丰富的知识，才为他发挥超常的想象力，进行发明创造打下了坚实的基础。

那么，为了让孩子有足够的想象空间，家长除了应该丰富孩子的知识储备之外，还应该做些什么呢？

1. 注意培养孩子独立思考的能力，大胆想象。

应该让孩子用自己的视角来观察世界，接触事物，并运用头脑自己独立地思考问题，不要事事都把结果先告诉孩子，是非曲直都按照家长编好的“程序”来，使孩子养成一种坐享其成、不劳而获的习惯。在这种教育环境下长大的孩子一般都会陷入一种极度矛盾的境地，因为他们长时间在“程序”的束缚下，会觉得很不自由；可一旦拥有了自由，反而恐慌，不知道自己到底能干些什么，该干些什么，这就是缺乏独立思考的表现。从另外一个方面来说，孩子在家长安排好的“程序”下生活，就会因此丧失了体验和探索事物的机会，也就不会有创造的精神。所以，对于孩子提出的一些问题，即便我们知道是错的，也不应该过于武断地指责，以免打击掉孩子的想象力，而应该以鼓励为主，让孩子在自己的梦想中翱翔。

2. 让孩子敢于说自己的话，勇于发表与大人不同的见解。

在很多家庭中，家长都在有意无意之间按照自己的思维方式、自己的处事习惯、自己的个人爱好来对孩子进行改造，还有的家长喜欢以“救世主”的身份出现在家庭教育中，自以为无所不能，于是往往把自己曾经的“常识” 凌驾于孩子之上，贬低孩子的存在价值，削弱孩子的自尊和自我意识，更有甚者有严重的“家长式”倾向，在家庭生活中设立“一言堂”，视孩子的独立思考为天敌，不允许孩子有任何不同于他们的想法和看法。在这样的情形之下，孩子便会没有了主见、没有了想象，没有了批判性思维，也就不可能有创造性的发现，只能成为父母身边的一个应声虫。

3. 在时间和空间上给孩子“松绑”。

爱玩是孩子的天性，孩子也会在自己玩耍的过程中建立起自己对未知事物的想象，虽然因此他们所理解到的东西会显得不着边际、幼稚可笑，但家长不能据此就彻底地将其掀翻，然后灌输给自己曾经的经验，要知道，经验的正确性是受时间和空间等条件限制的。我们更不应该因为害怕孩子越轨或犯错误，就处处设置清规戒律，把孩子的天地圈得越来越小，人为地限制了孩子的自由空间，从而使孩子形成了谨小慎微、患得患失的毛病，做事时也畏手畏脚。我们应该做的，就是以一副很惊喜的表情来接受孩子的想法，然后给予赞扬，并鼓励他要多听、多看、多接触世界，以扩大自己的视野，好让孩子能展开想象的翅膀，充分展示其内心的感受与幻想。

提高孩子的想象力

对于孩子的想象力，鲁迅先生就曾这样说过：“孩子是值得敬服的，他们常常想到新月以上的境界，想到地面以下的情形，想到花卉的用处，想到昆虫的语言，他们想飞上高空，他们想潜入蚁穴。”无须争辩，想象可以说是我们人类智慧中不可或缺的属性，尤其是中小学生在学习各门功课的过程中，都需要借助想象力来完成，否则他们将难以理解教材中的图形、概念，写作文也不会有形象生动的描写。想象力还直接关系到孩子创造力的发展，现实生活中的许多发明创造都是从想象开始的。这也就是大科学家爱因斯坦为什么会说“想象力是思想的火花”的原因了。

许多家长对此并没有足够的重视，他们只注重孩子的学习成绩，而不注重对孩子想象力的培养和提高，使得孩子逐渐丧失了自己想象的空间，并因此也丧失了创造的能力，造成了难以挽回的后果。再者，有的家长对孩子的要求较高，管理较严，对孩子一些富有想象力的说法和做法会加以喝斥制止，这就直接扼杀了孩子的想象力和创造力，可能使原本聪明伶俐的孩子变得普通甚至平庸。

对此，也许有很多家长会这样认为，孩子们头脑里那些乱七八糟的想象，简直就是胡说八道，没一点正经的东西存在，怎么会激发出孩子的创造力来呢？在这里我想用一个生活中的事例来加以说明。我们在建造房子的时候，会用一些石头或者半块的砖头来打地基，很少会用完整的砖，而把它用来垒外面的墙壁。房子是否牢固，在于地基是否足够深，浇灌地基时混凝土搅拌得是否均匀，不在于打地基时用的是否是半块的砖，还是完整的砖。同样的道理，想象力就是创造力的地基，孩子能不能具有创造的能力，不在于他头脑里的想象是否杂乱无章，是否经不起我们的推敲，而在于家长对孩子的这些想象是否予以了认可，是否有意识地去帮助孩子把他们的想象引导到创造力上面来。也就是说，对于孩子头脑里的想象，家长有帮助其提高的责任。

在这里我们首先要认清一个事实，就是对于孩子的想象力，我们是不应刻意去培养的。现在很多人都在叫嚷着要去培养孩子的想象力，其实这种说法是不对的，因为想象是孩子的天性，根本不需要我们刻意地去培养，在语言、动作、空间、社会等能力的培养和发展过程中，都贯穿着孩子的想象能力，正如皮亚杰所说，孩子天生是科学家。在这种情况下，我们对孩子的想象只能是帮助其提高，而不应该有培养之说。

德国教育家第斯多惠曾这样说过：“一个坏的教育就是奉送真理，一个好的教育则是教人发现真理。”所以我们提高孩子想象力的过程，也应该是引导发现真理的一个过程。在这个过程中，父母应该做些什么呢？

1. 丰富孩子头脑中的表象储存。

我们已经知道，表象是外界事物在人的头脑中留下的影像，它有具体和形象两大基本特性，也是展开想象的基本材料。所以，如果我们能让孩子的头脑里积累越多的表象，就越能丰富他们的想象资源，越有利于完善他们的想象力，进而得到提高。具体实施办法就是，家长应该多带孩子去博物馆参观、到郊区游览、参加各种公益活动或走亲访友等，以此来丰富孩子头脑中的表象。另外，为了让孩子记得多，记得准，记得牢，可以在事后让他用语言描述或者通过写日记把头脑中的表象再现出来。

2. 给孩子足够的思考空间。

思考，是打开智慧大门的钥匙，是穿破未知障碍的利箭，是通向成功彼岸的桥梁。一个人如果不思考，就不可能启迪智慧，求得真知，获得成功。当面对一件事物时，如果它能引起我们某方面的思考，在大脑里就会映现出对这方面相应的想象，这是我们成年人都会出现的现象。孩子在这个方面表现得尤其明显，那怕一丁点的思考都会让他们浮想联翩，所以说没有思考，孩子的想象力是无法得到提高的。为了提高孩子的想象力，家长就必须给孩子留出足够的空间，让他们可以在里面独自思考。同时，对于孩子提出的问题，在回答时也应该留给他一定再思考的余地，而不应该全盘托出，这样对提高孩子的想象力也是有害的。

3. 指导孩子扩大语言文字的积累。

我们头脑中的想象是以形象为主的，但仍旧离不开语言材料，尤其是在需要用口头语言或书面语言将想象的内容表述出来时，语言材料起着举足轻重的作用。因此，家长应该增强孩子语言的表达能力，而这种能力来自于对语言文字的广泛积累。比如，让孩子备一个摘抄本，把阅读中遇到的名言警句或者优美的描写段落摘抄下来，以方便平时拿来翻阅。

4. 支持孩子参加课外兴趣小组的活动。

每一种兴趣小组的活动，都将会有大量的形象化的事物注入孩子的脑海里，能够起到丰富孩子知识的作用。另外，孩子在参加这样的活动时，必须进行一系列创造性的想象才能完成活动任务，这对提高孩子的想象力是大有裨益的。而且，当孩子在参加完兴趣小组的活动之后，他的活动成果如果得到展示或者获得表彰奖励时，他们的积极性会因此更加高涨，想象力也会得到突飞猛进的发展。

第七章
培养孩子的理想

孩子是一株攀援而上的牵牛花，它需要泥土，但更需要阳光。而理想，就是普照在孩子身上的温暖阳光。

源自家长的淡漠

半个多月前，我堂弟新添了一公子，喜庆之余，我从弟媳手里把孩子接过来抱在怀里。望着孩子胖嘟嘟的小脸，我问弟媳：“打算给孩子取什么名儿呢？”

“还没想好呢。”

“那打算让他长大以后干什么呢？”

“当然是当大老板，赚大钱，住洋房了。难道还能像我们这样受苦受累一辈子？”

我一时错愕。

上世纪九十年代中期，在海南流传出来这样的一句话：“在街上随便丢一块儿砖头出去，砸死十个人，里面肯定有九个是总经理，剩下一个还是副总经理。”

这种说法肯定经过了一定的艺术加工，不足为信。即便果然有这样的情况发生，也必定是百分之百的巧合，再不会有第二例的出现。但从另外一个方面考虑，却也道出了当时在海南经理多的现状。想来那时穿上一套像样点的西装，左腋下夹一只空空如也的公文包，右手拎一个不知倒了几手的“大哥大”，再印一些有某某公司总经理头衔的名片，就可以招摇过市了，并对外宣称自己公司的规模有多么多么大，业绩有多么多么好，尽管他自己有时也琢磨：我说的这个公司到底在哪儿呢？

为什么会出现这样的情况呢？大概他们的父母也和我这个弟媳一样，孩子一生下来就想着让他发财，刚进幼儿园就扣着眼窝子教育道：“要听老师的话，好好学习，将来考大学，当大老板赚大钱……”

不可否认，我们这些为人父母的在教育孩子的时候太急功近利了，于是难免也正在经历着这样的一个悲剧过程：孩子还小时，很希望他将来能大有作为，富甲一方，威势赫赫；孩子慢慢长大，才发现这简直是不可能的，于是又希望他可以像自己一样，一辈子衣食无忧就好了。

在这样一个期待大起大落的阶段里，父母对孩子的教育又在哪里有缺失呢？我看最大的缺失就是忘了给孩子树立必要的理想。说起理想这个词，或许有些家长想起来都认为它不着边际，空泛得很，甚至觉得它只是一个大而化之为无的概念，对人并不会起多大的作用，因此在对孩子的教育方面也根本不会涉及到。在很多成年人的心目中，理想只是一个形而上的概念，而且在他们的人生经历中，也并没有感觉到理想起到了什么作用，所以在教育孩子的时候，也就没有重视对理想的树立。实际情况恰恰与此相反，理想的作用是潜移默化的。

“人类的精神与动物的本能区别在于，我们在繁衍后代的同时，在下一代身上留下自己的美、理想和对于崇高而美好的事物的信念。”当孩子拥有了理想这种信念的时候，他们就会明白“人为何而生，如何生活”等问题，从而受到极大的鼓舞，觉得为此而做的一切都是有意义的。所以说，理想就如同我们对人生初步拟定的一个大纲，它可以在整体的方向上给予我们指引和鞭策。它虽然不会像张贴在墙壁上的规章制度那样规范我们生活中的一言一行，但却能给我们一个大的范畴，让我们每一个人在这样的一个范畴里不至于感到迷惘失落，不至于茫然无措。从这个意义上来说，人不能没有理想。

功利色彩下的理想

记得有一次，我在妻的桌子上看到一厚沓作文本，翻开来看，每个作文本里只写着一篇作文，题目是《我的理想》。我饶有兴致地坐下，一本本翻开来看，孩子们那些歪歪扭扭的字一度令我觉得很有趣，可十多分钟之后，就再也坐不住了。本来以为孩子们的理想会形形色色、各不相同，即便不是百花闹春吧，最少也应该是争奇斗艳的场景，可在40多篇孩子的作文里面，都围绕着三个话题展开，分别是：当企业家、当科学家、做演员，之所以要有如此理想的理由也都大同小异，不是为了报答父母的养育之恩、就是为了过上优越的物质生活……这使我的心很不能平静。

如果说孩子们写的这些作文没有抄袭情况发生的话，那原因就只能在我们大人身上找了。其实归根结底，就是我们在教育孩子的时候，太过于功利了。这一现象不单单存在于家庭教育中，在社会教育和学校教育中都有所体现。教育的功利性使教育失去了理想,也在很大程度上阻碍了素质教育的健康发展。在我国进入商品经济时代之后，物质的极大丰富提高了人们的生活质量，但因此而来的物欲横流和极度享受对个人也带来了巨大的冲击，在这种情况下，个人的理想不可避免地就会受到追求金钱和享受的影响。另外在市场经济的冲击下，学校教育中的功利性色彩日趋浓厚，无论是专业设置、学科建设还是对学生的培养和设计，都更多地受市场价值取向的影响，基础学科与人文学科日益边缘化，有关人的身心素质的规定有意无意地被忽视。成年人有了这样的认识，就势必会进一步影响到孩子。这也就怪不得孩子会在作文中把“当个有钱人”、“长大后过豪华的生活”作为理想写下来了。

2007年12月，成都市教育局对当下的中学生进行了一次问卷调查，该调查中有这样的数据统计：在社会理想方面，有60.4%的学生表示不愿意做“默默奉献的模范、功臣”，他们更愿意“在为人民服务的同时，也要为自己谋利益”。而对于学习的目的，则有76.7%的学生表示是为了“学好本领，出人头地，改变个人和家庭命运”。或希望“学完学业，谋得一份好工作，建立一个称心如意的家庭”。

从这个调查结果中我们可以看出，孩子在认识上陷入了误区，他们所持有的“奉献与索取并重”、“以酬付劳”的价值标准取向，在很大程度上是以追求个人幸福、满足个人需要为出发点的。这样的一种价值取向是不正确、不科学的，如果把它作为孩子社会实践的指导思想，那无论对个人还是对社会都将是有害的。从社会角度看，这样的价值取向掩盖了一个基本事实，即社会用以满足个人需要的全部价值，以及用这些价值满足个人需要的分配方式，都来源于这个社会中所有人的集体奉献。从个人角度看，这种价值取向也否定了人的价值在于为社会创造出更多的价值。如果每个人创造的价值仅够他自身消费，社会的进步、人类的发展就只能是一句空话。“并重”和“以酬付劳”的观点，会人为地把享用社会价值从为社会创造价值中割裂出来，并作为人的价值的一个重要方面与奉献相并列，从而否定了“人的价值在于奉献”这一基本原理，这种观点会助长人们不向社会奉献，只想从社会索取的有害倾向。

一年多前，《扬子晚报》上曾经报道了这样一则消息：辽宁省锦州市实验小学四年级学生小阳在作文“我的理想”中这样写道：“我在班级的学习成绩不好，家长总是说我、批评我。虽然我的学习成绩不好，但我有我自己的理想，我将来一定能当上一个大官。听说许多大官、科学家和有钱人在学生阶段的学习成绩都不好，也没有考上大学、研究生，爱迪生学习不好当上大发明家就是一个很好的例子。我将来要挣很多钱，最好先买一张彩票，中上大奖500万，然后用这些钱买一个大官……”

阅读完这则消息，除了觉得极大的震惊，更多的应该是我们成年人的反思才对。

小学四年级的学生，十一二岁的年纪，本来是人生命中最天真无邪的日子，为什么会在头脑中产生出如此的想法那？这个年龄段的孩子，正处于一个对外部事物了解和认识的阶段，所树立的“理想”，很大一部分会因家庭教育和社会习气的熏染而变质，于是便会存在许多误区和偏见。此时若不及时地给予纠正，孩子的一生都将会因此被毁掉。

孩子是祖国的花朵、祖国的未来，我们的教育担负着培养和教育祖国下一代的重大使命，振兴中华的伟大任务究竟会不会持续和进行下去，关键在于我们能不能培养出合格的下一代。这正如梁启超先生在《少年中国说》一文中讲到的，“少年智则国智，少年强则国强，少年进步则国进步，少年雄于地球则国雄于地球。”面对孩子们诸如“中大奖”、“买大官”之类的理想，每一个教育工作者、每一个家长都有不可推卸的责任，我们应该好好反思一下我们的课堂教育、我们的理想教育是不是已走进了一个很大的误区？理想不能掺进太多的功利色彩，要不就会像霓虹灯下的天空，抬头只能看到一片漆黑。如果心灵也处于黑暗当中，孩子是没有未来的，一个民族、一个国家也会因此而不再有未来。

孩子需要理想

理想是一个抽象的概念，它指人们希望达到的人生目标和追求向往的奋斗前景，是由人所设定的。理想以人为主体，如果离开人对未来的想象，就会失去其存在的意义。从这个层面上来说，理想是人生的奋斗目标，是人们对未来的一种有可能实现的想象。一个人的理想可以有很多种，在每个人的意识中，受认识和价值的影响理想也具有其多样性和变化性。理想既不同于幻想，也不同于空想和妄想，它作为人头脑中的一种意识形态，是一个人人生观和世界观的集中表现。人们的人生观有崇高与卑下之别，世界观有科学与不科学之分，因此，一个人的理想也有先进与反动、崇高与卑下的区别。在对孩子实施教育时，家长当务之急是首先给孩子树立一个先进、崇高、科学的理想，这对孩子的人生之旅将是一个很大的保障，并会使他们一生受益无穷。

发生在2005年云南大学的“马家爵事件”，一度使人们极为震惊，很多人不理解这样一个曾经品学兼优的孩子，怎么会在一夜之间沦落为一个“杀人狂魔”呢？深究其心理之后我们发现，促使他如此丧心病狂的原因，是他对世界没有一个正确的认识，对自己的人生没有一个合理的定位，也就是在他的头脑中没有一个属于自己的理想。在步入大学之后，他之所以会在别人面前感觉到自卑，就是因为自己是从农村来的，没有钱，在穿着和生活上比不上别人，这是由于其错误的人生价值观所导致的；他在预测自己所学专业的前景时，也仅仅从能赚多少钱这方面考虑，没有把目光放得更宽广一些，再加上在高中念书时备受老师器重，大学人才济济因而显不出他的能力来，综合这些方面才导致了他失落感的产生。极度的自卑和失落感，促使他看不到生活美好的一面，进而用一种仇恨的心理来报复身边的人。从马家爵的身上，我们能够得到这样的结论，无论一个人的学问有多高，如果他对社会、对人类缺乏一个正确的认识，到头来也只能是枉然。

苏霍姆林斯基认为："道德教育成功的'秘诀'在于，当一个人还在少年时代的时候，就应该在宏伟的社会生活背景上给他展示整个世界、个人生活的前景。"对于一个人的发展来说，理想所起到的作用就是如此，因为"思想是根基，理想是嫩绿的芽胚，在这上面生长出人类的思想、活动、行为、热情、激情的大树"，如果在孩子的内心深处根植下这棵树，他们才会有枝繁叶茂的明天。

有这样两个中学生，在一个偶然的机会认识了一位生物学家。这位生物学家告诉他俩，在我国广西有一种叫白头叶猴的动物，属于濒危物种，目前仅存有两百多只，如果人们想要去保护这些野生动物，只有在了解了它们的生活习性之后才可以。从此，这两个中学生就有了一个共同的理想，那就是去接近和观察白头叶猴。于是，从2003年开始，他们就利用每年的寒暑假跑到深山老林里去跟踪调查白头叶猴。

茫茫的原始森林里，到处都是野兽和虫子，对于人类来说，那里的环境无疑是极度艰苦和危险的，对于两个中学生更是如此。每天他们在睡觉之前，都要先抖抖被子看里头有没有蛇，早晨起来要先看看脚上的鞋有没有蝎子。追踪白头叶猴是非常辛苦的工作，有一些老猎人一辈子都没看到过它们。有一天两人实在太累了，其中一个孩子一屁股坐在地上，突然感觉不对，觉得腿下面有东西在刷刷地爬，原来他坐在了蚂蚁窝上……类似的事情他们遇到过许多次，但是他们一直没有放弃自己的理想，那就是一定要掌握白头叶猴的生活习性，一定要为保护我们国家仅有的这200多只白头叶猴做出贡献。就这样，四年的寒暑假就让他们在原始森林中度过了。两人所写的关于白头叶猴生活习性的文章，最近在美国纽约的世界少年科学家大会上获得了一等奖。去年，两个孩子一个考上了清华大学，一个进了北京大学。

从这个事例中我们可以看出，理想对于孩子来说，具有两个不容忽视的作用。

其一，支撑作用。在孩子们的精神世界里，理想就像是一根柱子，它支撑着这个世界，使其岿然不倒。就像事例中提到的这两个中学生，他们追踪的白头叶猴连很多老猎人都没有见过，而两人却不但要找到它们，还要对它们的生活习性进行观察，其困难程度可想而知。此时，如果没有理想的支撑是不行的，很容易就会打退堂鼓。

其二，指引作用。我们在看战争片的时候，经常会看到一个高举旗帜的人冲在队伍的最前面，在一个人倒下之后马上会有另一个人举起旗帜继续前进。这样的举动一方面会给自己的部队一个信念，就是我们必须一往无前；同时也传达给敌人一种信号，就是我们是不可抵挡的。在人的一生当中，理想所起到的作用就如同这面旗帜一样，指引着我们前进，并且让人从心底里有一种不达目的誓不罢休的决心。这样的作用在这两个中学生身上也有所体现，虽然只是生物学家对白头叶猴简单的介绍，却使两人有了明确的目标。明确的目标，在我们的一生中是非常需要的，它可以让我们不再畏惧任何困难，勇往直前。

或许是因为现代社会的发展使人们越来越趋向于对实际利益的获取，以至于让很多家长误认为理想只属于形式上的范畴。其实即便是这样，我们也不得不承认，人活在这个世界上是需要精神支撑的。大到一个国家的强盛，小到一个人事业的成功，都离不开理想在我们头脑中所起到的作用。人活着主要靠的是“精神”，一个人的精神不倒，他就是不可战胜的。孩子的人生路远比我们的要漫长，他们在成长过程中所碰到的艰难险阻也远比我们要多。为人父母的，不能给孩子保一辈子的驾、护一辈子的航，所以，家长应该让孩子高举着理想这面旗帜，以便于让他们在以后自己的人生道路上不至于迷失方向，不至于经不起点滴的风吹雨打，不至于庸庸碌碌度过这仅有一次的生命。

孩子应有怎样的理想

我曾经在报纸上看到过这样一个故事：一个14岁的少年，在一天晚上看了一个电视节目，节目中记者在现场采访一个偏僻乡村的放牛娃。记者问他："你在这儿放牛做什么？"放牛娃回答说："让牛长大！""那牛长大以后呢？""卖钱，盖房子。""有了房子还要做什么？""娶媳妇，生娃。""生了娃之后呢？""让他也来放牛呗！"看完这个电视节目之后,这个少年在当天的日记中写道："看了电视，我想到了自己——我为什么读书？考大学。考上大学又为什么？找一份好工作。有了好工作又怎样？找一个好老婆。然后呢？生孩子，让他也读书，考大学，找工作，娶媳妇……生命轮回，周而复始。"

这就是一个14岁的少年对生命意义的思考，在思考之后，他又给出了这样的结论——"这样的生活没有意义，这样的生命没有价值。"

这样的感叹，曾经在多少人的心中萌生过？多少孩子现在正在被这个问题纠缠和困扰着？在现在的大学生当中，普遍存在着迷茫、失落、无助的情绪，更有甚者产生了悲观厌世的念头。"马家爵事件”是一种个别的极端的表现形式，每年又有多少大学生因感情受挫、因学习压力过大而匆匆结束了自己美好的生命呢？从实质上来讲，这一切都是因为他们的世界观和人生观不完备，或者产生偏差所导致的。人，更应该称之为社会人，所以并不是孤立存在的。同样，相对于单个人来说，也并不是仅仅生活在物质世界里，而同时也生活在精神世界里，生活在理想与信念之中，这也是人区别于动物的显著标志之一。

理想是人生中不可或缺的精神动力，它能让人在黑暗中看到光明，在绝望中看到希望，也能使一个人经过坚持不懈的努力把梦想变成现实。因此，若一个人丧失了理想，也就等于失去了灵魂，最终只能成为一具行尸走肉。理想的偏差，则会使一个人在人生道路和社会发展的方向上造成关键性的错误。现在家庭中的孩子大多都是独生子女，从小便在家人创建的“理想”环境中长大，缺乏人际交往的训练和现实环境的磨练，于是就会产生偏重于现实、以自我成长为中心的想法。如此一来，一旦遭受到升学、生活、就业、爱情等方面的挫折时，便会出现自卑、沮丧、焦虑、孤独等消极情绪，有的甚至走上违法犯罪或悲观轻生的道路，这都是因为缺乏应有的自我心理疏导和调适能力的结果，其根本原因就在于缺乏科学的世界观、人生观和价值观的引导。所以，我们应该在孩子的头脑中注入符合他人生发展方向的理想，这就像拉开窗帘、打开窗户，让阳光普照房间的每一个角落一样。

其一，孩子的理想应该是远大的。人生需要理想，就如同花草需要养份一样。花草没有了养份就会枯萎、殆尽，而养分供应不足的话，也会出现黄叶等病症。为了让孩子能健康茁壮地成长，必须有远大的理想作为支撑。《庄子·逍遥游》里在阐释鹏鸟为什么要先扶摇直上九万里的原因时，是这样论述的：“风之积也不厚，则其负大翼也无力。故九万里则风斯在下矣，而后乃今培风；背负青天而莫之夭阏者，而后乃今将图南。”这里面所阐述的一个道理，就是无论做什么事情，都应该有充分的准备，所谓厚积而薄发，也就是这个意思。鹏鸟要飞往天池，首先须扶摇直上到九万里的高空，然后借助风的浮力才可以达到目的。对于孩子来说，远大的理想就像身处在九万里高空时风的浮力。

其二，孩子的理想必须是明确的。在做任何事情的时候，首先我们要有明确的目的和思路，这样才能避免事倍功半或者不了了之的情况出现。在现实生活中，总会有各种各样的诱惑和吸引打搅甚至扰乱了孩子的视线，此时理想的明确性能给予很大的帮助，它能使人不至于迷失，或者误入歧途。正如革命先烈李大钊所讲：“临开始行动之前，应该定方向。譬如航海远行的人，必先定个目的地，中途的指针，总是指着这个方向走，才能有达到目的的一天，若是方向不定，随风飘转，恐怕永无达到的日子。”

其三，理想应与社会的大背景联系起来。如果把一个人比作是一滴水的话，要让它永不枯竭的办法就是将其注入大海中去，而社会这个大背景就是个人理想的大海。与此同时，个人理想也只有顺应社会发展的大趋势，才能有实现的可能。比如一个人想当民营企业家，这个想法要是放在２０世纪六七十年代的我国，无论如何也是实现不了的，可要是放到改革开放之后，可就是完全另一幅情景了，可以说大有作为。所以，当孩子的个人愿望与社会大背景相矛盾的时候，家长应该教育和帮助孩子积极调整个人理想。全国劳动模范、北京公交车售票员李素丽的经历和做法就很值得借鉴。上中学的时候，李素丽就梦想成为一名大学生，她为此勤奋刻苦地学习过，可等到高考揭晓，却因几分之差而名落孙山。大学的门坎没能跨进，却当上了一名公交车售票员。但她并没有因此就沉沦、消极，而是及时调整了个人理想，以当一名“为人民服务，受人民欢迎的售票员”作为自己事业的目标。她把学到的知识运用到售票工作上，在实际工作中注意总结经验；她刻苦钻研业务，技术娴熟；她微笑服务，礼貌待客；她视乘客为上帝，一心一意为乘客着想。终于，在最最平凡的岗位上她做出了不平凡的成绩，成为了每个人都耳熟能详的劳动模范。

如何培养孩子的理想

有一位寓言家这样说：“理想是彼岸，现实是此岸，中间隔着湍急的河流。”怎样才能帮助孩子通过这条湍急的河流，到达他们理想中的彼岸呢？

首先，父母应该让孩子走出这样的一个误区，就是认为“只有成名成家”才算成功。毕竟在现实的生活中，普普通通的人还是占了绝大多数，因此每个人都成名成家是不现实的，更不可能办到。如果只有成名成家的人才算成功，那么绝大多数人岂不都是失败者？社会是一个各行业息息相关的整体，只有通过合作才能正常运行。任何一个人，无论他有多高的名望或者默默无闻，一旦与外部环境分割开来，恐怕连衣食住行这些最基本的生活条件都难以维系，奋斗或成功又从何谈起呢？因此要让孩子认识到，社会上的分工是没有高低贵贱之分的，只要能充分发挥自己的才能，最大限度地实现自己的人生价值，就是成功。

其次，对孩子的兴趣要有必要的了解，在此基础上还要尊重孩子的选择。对于孩子来说，兴趣是引发聪明才智的引线，所以家长一定要对他兴趣的方向有所把握，然后在孩子的某些特定兴趣上予以关注和投入，使其发展成为孩子的理想。在此期间，一旦发现孩子的兴趣不在这方面，要及时帮助孩子调整方向，并在尽可能短的时间里让孩子从自己身上找到新的兴趣方向。要知道，在孩子的精神花园里是容不得有真空地带出现的，不然很容易滋生出杂草来。尊重孩子的选择，也就是说当孩子的兴趣已经成长为他的理想时，家长不应该以自己看问题和想问题的思路去勉强孩子做他们不喜欢的事情，那样的结果往往只能是背道而驰。

再次，要不断激发孩子对理想目标的向往，并为孩子实现理想创造条件。对于如何激发孩子对理想目标的向往，并使其能够不懈地坚持下去，这是一个很令人伤脑筋的问题，关于这一点，父母应该抱着包容的态度。父母要知道，对于理想的向往和坚持，很大一部分成年人都做不到，孩子不能做到也属于正常情况。在此我建议家长在激发孩子对理想目标的向往和坚持之时，首先要对孩子的潜能进行激发，让他知道，凡事必须且只有经过自己的努力才可以得到，与此同时，还可以加强孩子实现理想目标的兴趣。比如孩子想要一台电脑，家长不应该像得到圣旨似的马上答应并着手去买，而应该让他们为此付出必要的努力。这方面的努力可以是帮助家长做一些力所能及的事情，或者是学习成绩上的进步，电脑才可以作为奖品送给孩子。在这里家长需要注意的是，应该跟孩子明确地规定出适当的期限，这样既可以避免孩子因遥遥无期而懈怠甚至放弃，也可以使孩子经受到必要的磨练。为孩子实现理想创造条件，可以从两方面入手，一种是物质上的，一种是精神上的。为孩子营造一个适宜他理想进展的环境，比如孩子有当作家的梦，就应该为他多买一些文学方面的书籍，这就是在物质上为孩子创造条件；在精神上应该对孩子进行鼓励和支持，在他遇到挫折和打击的时候，多方面地进行疏导，让他明白这是在所难免的，应该乐观地面对这一切。

最后，应该把理想分成几个阶段，帮助孩子树立短期和中长期目标。人都有这样的一个劣根性，那就是太容易得到的东西不会觉得珍贵，另外对一件事物追求的时间太长却没有什么效果的话，也会因此失去信心，从而变得一蹶不振。孩子由于天性活泼、好动，极容易转换注意力的方向，因此在这个方面表现得尤其明显，往往受到一丁点的困难就会变得畏缩不前。为了避免孩子在做某件事情时出现“三天打鱼，两天晒网”的现象，家长应该在充分和孩子取得一致的情况下，帮助他把理想分成几个阶段，并为他确立中短期目标。在此需要注意的是，在做这件事情的时候，家长不应武断，要充分尊重孩子的意见，对于他的一些不成熟的想法，要在肯定的基础上耐心地说服教育，要不然，这样反而会使孩子产生抵触心理，结果只能是徒劳无功。

当孩子树立正确的理想以后，家长要适时地给予他们信心、勇气与支持。理想的实现过程必定是曲折坎坷的，如果孩子失败了千万不能让他们气馁，要帮他们分析失败的原因，并且加以鼓励。在孩子向着自己理想迈进的过程中，家长的督促更是不可缺少的。孩子是有惰性的，在面对一件事情的时候往往会出现三分钟热度，可当三分钟过去之后，就会很容易失去耐心和信心。在此，家长就应该在旁进行监督和督促，并告诉他，任何事情的完成都不是一蹴而就的，理想的实现更是一个漫长而艰辛的过程，因此，我们要有足够的耐心和信心，贵在坚持，千万不能半途而废。此时，父母最好能言传身教，给孩子做出榜样来。比如规定晚上7点到9点之间是学习时间，那么家长最好也不要在这段时间里看电视或者出去串门，而应该和孩子坐到一起，利用这点时间来处理自己的工作，或者和孩子一起学习，这样的话，孩子便会更加有动力，就算想偷懒一下也不好意思开口了。

尊重孩子的理想

佳佳是一名小学一年级的学生，今年7岁，却已有两年学习钢琴的经历。最近，她由父母领着到医院看病。在医生询问的过程中，母亲讲述了这样一件事：当初送佳佳去学钢琴的时候，一进老师家门孩子就哭，一开始练琴就泪流满面，还可怜巴巴地哀求说："妈妈，我真的不想学。"母亲见到这种情况虽然心软了，父亲却坚持要她学琴，并且把特长与升学联系在一起，认为学成以后孩子就有机会成为特长生，这对上重点中学有加分的好处。另外，钢琴老师还布置了每天必须练习弹奏4首练习曲的家庭作业，一旦孩子琴弹得不好，父亲就用手指戳她的头，还推搡她，并大声加以训斥。

就是在这样的一种环境下，佳佳忍受了两年，身体和心灵上终于负担不了了，经常挤眼睛、努嘴巴、耸肩膀，胳膊腿还控制不住地乱动。她的班主任也向家长反映："佳佳上课挤眉弄眼，还摆肩膀，经常突然尖叫，注意力不集中，学习成绩下降。"

经过医生的诊断，佳佳患的是抽动症，需要长时间的治疗才能康复。

在教育孩子的过程中，我们一直强调要尊重孩子，可还是常常有很多父母忽视不尊重孩子后果的严重性，他们认为孩子是自己生的，自己当然有权决定他的一切，尤其是在念书和升学的问题上，父母更是觉得理所当然，因为所做的都是为了让孩子有一个美好的将来。持这种观点的父母们，在看完上面这个故事之后，是不是会有很大的触动呢？故事中的父母就因为不尊重孩子的真实想法，而是一厢情愿地采取逼迫的手段强行让孩子学习钢琴，最终导致孩子在精神和心灵上不堪重负，进而诱发了疾病。

在当下的家庭中，父母往往喜欢为孩子设计理想，觉得这是一种关心孩子的表现。于是从孩子上小学开始，就一步步把理想规化好了，甚至细致到了孩子将来要上哪所大学的什么专业。为此，父母置孩子个人的爱好和理想于不顾，强迫孩子按照自己设计的轨道发展，如果孩子偶尔在某一步上偏离了自己当初的意愿，就全盘否定孩子的所有努力和成绩，对孩子小则批评训斥，大则动手打骂。

诚然，作为家长，望子成龙、望女成凤的心理原本是无可厚非的，但是如果为了孩子有一个美好的将来，从而给孩子施加太重的压力，最终使孩子因不堪重负而走向极端，这就未免与初衷背道而驰了，也不是每一个家长希望的结果。因此，在家庭教育中，父母应该尊重孩子的理想和选择，这也就是现今比较提倡的对孩子的赏识教育。对于孩子业余爱好的培养，家长必须先征求孩子的意见，认可并赞赏孩子的理想，进而在理解的基础上知道孩子的真正需要，支持孩子去实现自己的理想。尤其是当孩子的理想与父母的设计出现分歧时，父母不能武断地强迫孩子按照自己的设计来，而是要平静地与孩子沟通，在尊重孩子理想和选择的基础上，通过商量探讨，让孩子充分理解父母的想法，然后把选择权交给孩子。

在赏识和尊重孩子理想的同时，父母还应该注意一个问题：不要在孩子建立理想的初期就让孩子背负太多的压力，这样对于孩子的积极性有很大的打击，孩子会因此就轻易放弃了自己的理想。正确的做法是鼓励孩子树立理想，并坚定他为理想而努力的决心。

有这样一位父亲，一天在上小学四年级的孩子看电视时，孩子见屏幕上的律师在法庭上威严、气派，一会儿引经据典，一会儿举例证明，说得法官和旁听席上的人们都点头称是，敬佩之心不禁油然而生，便决心自己长大以后也要当律师。

父亲听后对他的理想大加赞扬，说："你的理想很好，我支持。律师这个职业是很有正义感也非常威风的，能够在法庭上滔滔不绝地为人辩护。但是，想要当律师就必须把许多法律条文背得滚瓜烂熟，另外还要掌握很多其他多方面的知识，社会上各种关系也要妥善得处理好。你如果希望自己成为一名优秀的律师，那就应该从现在，为将来作一名好律师打下基础！"

听完父亲这一席话，孩子对律师这一职业更加憧憬了。从此以后，对于律师应该学习的课程及行为习惯他都非常重视，并且在与人交往方面也有很大的进步，在班里还当上了生活委员。

每当孩子在接触到一种新鲜事物的时候，会自然而然地萌发出对这种事物的向往，此时，如果父母觉得对孩子的成长是有帮助的话，就应该给予赏识和支持，使其发展成为孩子的理想。这里所说的支持，并不是指父母简单地说句好，更不是马上提出要求，或者用纯理性的、非常严格的终极标准来评定孩子的言行。父母真正的支持应该是在孩子实现理想的过程中予以适当的启发和引导，并为孩子理想的实现准备下必须的条件。比如对于上面那个想当律师的孩子，父母就可以为他购买一些与法律有关的书籍，在平时还应该多培养他的语言表达和人际交往能力。

孩子是我们生命的延续，或许就是这个原因，每一位父母都希望自己的孩子能出类拔萃，可能也是因为这个原因，使得一些父母太过于急躁了，恨不得把自己所有的经验和阅历都传授给孩子，恨不得在孩子成长的道路上自己以身相替。殊不知，相对于这个世界来说，孩子是一个完全独立的个体，他们有自己的空间和理想，有时父母的一些自认为对孩子有益的行为，不但对孩子没有帮助，反而是害处颇多，无心之间做了揠苗助长的事情。当然，孩子的成长是离不开父母的，可他需要的仅是扶助和指引，就如孩子初学走路时一样，在跌倒的时候扶他起来，在将要撞到障碍物上面时引他走一个新的方向。

理想并非空想

理想是以人为主体的，如果人没有了对未来的憧憬，所谓的理想也就失去了存在的意义，所以从这个角度上来说，理想便是人头脑中对未来的一种想象，但反过来，却并不是所有的想象都能称之为理想，一如空想。

理想扎根于现实之中，却超越了现实，它是人们对生活的更高要求，通过不懈的努力可以在不久的将来变成现实；空想只是头脑中存在的一种影像，不能实现的想象或计划。

理想是一种有计划性的并且通过行动可以实现的思想观念，是需要逐步去实施的心中蓝图；空想虽然也来源于生活当中，但它纯粹是一种偶然心血来潮的想法，虽然有时候它的意境远远比理想要美妙很多，却终归流于幻觉。

从社会学角度来说，理想是对未来社会合乎客观发展规律的想象和希望。而空想虽然也是一种想象和希望，但它缺乏客观根据，而且也违背了事物发展的客观规律。

从哲学认识论角度来说，理想是人生的奋斗目标，是合乎规律的、有根据的设想。空想却是一种脱离实际的主观臆想，它是主观臆造的产物，缺乏现实基础。

理想的实现只靠埋下头苦干，不靠空谈，一旦只剩下了嘴皮子上的功夫，多美好的理想也只能是空想，只能是子虚乌有的存在。埋下头苦干也是有条件的，如果头脑里的设想根本就没有实现的可能，越努力反而越是徒劳无功。

不记得在多久以前看到过这样一则故事：有一个年轻人，不知道从什么地方看到一则消息，这则消息里面说有人在做把水变成汽油的研究，据说只要经过一系列复杂的化学变化就可以办到了。这个消息让年轻人很受启发，心想要是这个实验研究成功了，不但一下子就缓解了现在汽油短缺的危机，而且对防止空气污染也有很大的帮助。为此他受到了极大的鼓舞，决心要把这个伟大的试验做成功。回到家之后，他就把这个想法告诉了母亲，母亲听后啼笑皆非，劝他不要痴心妄想了，水怎么能变成汽油呢？他对母亲的话置之不理，一头钻进房间开始了自己的试验。为了购买有关的书籍和器材，家里的东西被他变卖一空。每当吃饭的时候，都是母亲把饭放在他房间的门口，因为他不喜欢被别人打扰。就这样，他足不出户、夜继以日地工作，十年过去了，母亲也因病离开了他。一天，一个多年不见的老朋友来造访他。当他从自己的房间里颤巍巍地走出来，老朋友几乎不敢相信自己的眼睛，仅仅十年的时间，他鬓角已经斑白，满脸皱纹，带着厚厚的眼镜，背也驼了。老朋友问他为什么会变成这副模样，他信心十足地把自己进行的研究描述了一番。老朋友听后大吃一惊，说那则消息只是自己多年前偶然心血来潮贴在电线杆上的，里面的内容完全是胡说八道，不曾想却把他害成这样。这个年轻人起先难以置信地盯视着自己的朋友，然后像一滩烂泥似的瘫倒在地上。

能正确地反映客观实际,正确地反映现实与未来的关系，合乎事物变化和发展规律的想象，才可以称之为理想，也才是经过努力可以实现的。我们姑且不论若干年之后水是不是可以变成汽油，但是以目前的科技发展水平来说，是无论如何也实现不了的。所以说，如果一个人的理想脱离了现在所处的环境，忽略了实际情况的约束，那也只能成为空想。作为家长，在教育孩子的时候，一定要让他们把自己的理想同现实结合起来。现实，是就目前而言的一种知觉表象状况，比理想更接近实际，是客观真实存在的现象。一个人无论想要取得什么样的发展，都必须根植于现实之中，脱离了现实，一切都无从谈起。

在孩子身上我们还经常看到这样的情况，就是每当他们在述说自己的理想时，总是口若悬河、滔滔不绝，可却从来不见他们为此付出了什么行动。孩子在语言和行动上严重脱节，形象一点讲，就是“语言上的巨人，行动上的矮子”。

孩子的雄心大志固然重要，而更重要的还在于行动，在于行动中有没有坚韧的毅力，有没有顽强的信念。在我们的生活中，理想是必不可少的。如果没有理想，就等于失去了前进的方向和目标，就像一只船漂泊在茫茫无际的海上，不知该驶向何处。一个人如果没有远大的理想和抱负，那就会变得鼠目寸光，以至一生碌碌无为。但是，理想毕竟还只是一纸空文，要把它变为现实还要靠坚强的信念。父母在日常的家庭生活中，应该强化孩子对于实现理想的信念，只有这样，才可以使孩子花团锦簇的明天不会变成一杯白开水。我们不应该让孩子的理想只成为他们口中响亮然而空洞的辞藻，不要使它由于一再重复而变得黯然失色、平淡无奇，不要让孩子的行动仅搁浅在头脑里空洞的想象上，理想应该存在于幼小心灵的热情激荡之中，存在于激奋的情感和行动之中，存在于爱和恨、忠诚和不妥协的精神之中。

第八章
培养孩子坚强

我们经常看到这样的情景：孩子很乐意去做一件事，却很少能把这件事做完。对此，父母该怎么办呢?

让孩子学着坚强

有许多这样的孩子，他们拥有着一颗聪明的头脑，曾经也是全班乃至全校的学习尖子，只是因为一次考试不很理想，或者因老师的某一句话刺伤了他，从此就不再热爱学习，上课总不能集中注意力，意志也很消沉，成绩直线下降。这样的心态一直发展下去，孩子逐渐就会变得萎靡不振，做什么事情都感觉不到干劲儿，一副很颓废的模样，如果再这样发展下去，孩子的一生都可能因此被毁掉。

家庭里有这样的一个孩子，父母要及时地进行引导和调整。首先要弄清楚一件事，是什么原因才使得孩子如此脆弱，经受不起一点的打击呢？要知道，孩子在不久的将来是要独立在这个世界上生存的，而独立生存就肯定会有一些不如意的事情发生，就像生长在野地里的花草肯定会遭受风吹日晒雨淋一样。孩子这样弱不禁风，又如何经受挫折、战胜困难呢？对此相关的教育专家指出，孩子之所以如此脆弱，都是因为平时父母太过溺爱的原因。孩子在这样的一个环境下成长，早已经习惯了被一片夸奖和赞扬之声包围着，而在这些声音之中，孩子极易变得过分要强，可另一方面他又像一根紧绷着的线绳，任何细微不能令他满意的声音都会触碰到他敏感的神经，都会被他当作人生中的滑铁卢，完全失去了面对生活的信心和勇气。

所有事情的成功都不会是一帆风顺的，肯定要经受必要的挫折和磨难，即便是所谓的天才也不能例外，何况天才本来就是从千锤百炼的磨难中走出来的。或许你的孩子有着过人的天赋，但这并不能保证他往后会事事顺利。每一个人都希望自己做任何事情都能一帆风顺，可是一直往北行驶的船难免会遇上顶头风，这肯定是不可避免的情况，既然是这样，父母就应该给孩子的性格里注入坚强的激素，让孩子学着坚强起来，用个人的毅力去战胜生活中遇到的种种艰难险阻。一个失败的人与一个成功的人相比较，或许你会发现他们有许多相似的地方，比如年龄、个人能力、社会背景、所接受的教育等，但肯定有一点是截然不同的，那就是他们在遭受到挫折时的反应。失败者之所以失败，就是因为他被挫折一次性地就击垮了，躺在地上苟延残喘，以为是世界末日；成功者之所以能成功，就是因为他在遭受挫折之后，并没有意志消沉，更没有一蹶不振，反而能平静地承认失败，冷静地分析失败，进而找到自己反败为胜的机会，撑起自己的一方天空。其实，天并不会塌下来，但我们要有一颗坚强的心才能站得稳。

两只青蛙在一户人家的庭院里玩耍，不小心一起掉进了奶罐里。

一只青蛙想：“完了，今天看来我要死在这里了，这么高的奶罐，我永远也别想从这里面跳出去。”它努力跳了几次，愈加相信自己的判断，于是很快就放弃了，慢慢地沉入奶罐底，再也没有露出头来。

另一只青蛙看到自己同伴的悲惨结局，并没有因此变得沮丧、失望，它认为自己一定能跳出去，它不断告诫自己：“我有着坚强的意志和发达的肌肉，这都是上天赐给我的，我一定能够凭借这些跳出去的。”

这只青蛙一次又一次地跌落进奶罐里，一次又一次地奋起、跳跃。就在跳跃的过程中，它明显感觉到脚下的牛奶变得坚实了，而且越来越坚实。原来，就在它不知疲倦的跳跃中，液态的牛奶已经被它踩踏成了一块儿奶酪了。站在这块儿奶酪上，它很轻易地就跳出了奶罐，而它的同伴，却被凝固在了奶酪里面。

同样的遭遇，不同的选择，得到的是截然相反的两种命运，一个是生，另一个却是死亡。当这两只青蛙同时掉进奶罐里时，它俩做出的决定，来自于它们平时的心态。孩子也是如此，为了让他们在往后遭遇挫折、面对困难时能够选择坚强，能够以一颗勇敢的心战胜它们，父母就需要在平时帮助孩子学着坚强些，这对他们的人生将是很大的帮助。

有一个年轻人，大学毕业后本来去了一家不错的公司工作，可他一个礼拜几乎有2天会迟到，原来这是由于他在念书的时候就养成了睡懒觉的习惯，以至于白天总是一副无精打采的样子，晚上却精力充沛。在工作当中，他也总是避重就轻，不是把困难的工作推给别人，就是无限期地拖延，结果一个多月之后就被炒了鱿鱼。后来他又去了几家别的公司，可都呆不满一个月，有一家公司他只呆了三天就被辞退了，甚至有一个公司的老总对他这样说：“或许你很有能力，但我还是不能让你留在公司里。你的工作态度很消极，一遇到有难度的工作就退缩，我不需要这样的人来帮助我。”

现在的职场里有很多这样的年轻人，他们每天满脑子想得都是寻找机会，可在工作时总是拈轻怕重，没有一点吃苦耐劳的精神。在这样的一种心态之下，机会难道会从天上掉下来？为了孩子未来能有一个美好的生活，父母就应该在孩子年纪还小的时候，帮他们规避掉消极情绪的影响，使他们的性格里不再充斥着消极、任性、冲动的因素。可与此同时，最令父母感到无能为力的，是如何在孩子失败之后及时给与他们鼓励和支持，引导他们正确面对失败？一位父亲对孩子的教育方法，很值得我们去借鉴和仿效。

他的儿子正在读小学三年级，平时很喜欢下围棋，因此已有空闲父子俩就坐在一起对弈一局。儿子在下棋时非常认真，父亲为了不打击他的积极性，很多时候都会不显山不显水地让他赢。可儿子每当赢了的时候，都会高兴得又跳又叫，大喊：“我赢了，我赢了！”开始父亲见孩子这样兴奋，还会在一旁鼓励一番。在这样的环境下，儿子的棋艺进步很快，可同时也开始变得骄傲起来，以至于竟然有一次对父亲说：“你已经不是我的对手了，我觉得现在跟你下棋都不用考虑太多，我的棋艺也不会再有进步。”

父亲微微一笑，决定稍稍打击一下儿子的骄傲情绪。在接下来的对弈中，父亲只用了不到15分钟的时间，就把儿子杀得落花流水，然后他也模仿着儿子的动作，高喊着：“我赢了，我赢了！”儿子的脸色慢慢涨得通红，眼泪在眼角打转，半天，终于“哇”的一声大哭了起来，任凭父亲怎么劝也劝不住。

儿子这样的表现，引起了他的沉思。下棋时每个人都想着赢是正确的，但谁又能保证自己一直会常胜不败呢？经不起一点打击的孩子，显然是脆弱的，长大之后又如何在这个竞争如此激烈的社会上立足呢？为此他觉得很有必要让孩子学着坚强起来。

从此，他在平时总会给儿子安排一些有难度的事情去做，并且儿子在做这些事情时，他只会给以适当的鼓励，让孩子自己想办法去解决。平时，他还会给孩子讲一些励志故事，比如爱迪生失败了1000多次才发明了电灯；哥伦布为了实现自己的航海计划，在海上漂泊了十四年。

无数事例已经证明，对孩子的溺爱只会毁掉孩子，使他养成遇事畏缩、胆小的毛病。人的一生虽然是为了追求幸福和快乐，但不经受必要的挫折和失败，幸福和快乐也只像没有香味的花。让孩子试着去经历挫折、遭受失败，让他在失败和挫折面前学着坚强起来，他会给你意想不到的惊喜。

意志力不容忽视

意志力是一个心理学上的概念，是指一个人自觉地确定计划，并根据计划的步骤来支配、调节自己的行动，克服各种困难，最终将计划实现的一种品质。要想做成一件事情，坚强的意志力是不可或缺的，这正如罗伊斯所说的一样：“从某种意义上说，意志力通常是指我们全部的精神生活，而正是这种精神生活在引导着我们行为的方方面面。”

一个人在拥有了坚强的意志力之后，就会在此基础上产生出决心，而决心又支配着人的心理功能和身体器官，这也就是意志力存在着巨大力量的原因。意志力在一个人的性格中占有着很重要的比例，对人的一生也有着重大影响。无论要完成什么样的事，必须要有强大的意志力作为保证。孟子对此早有论述，他说：“天将降大任于斯人也，必先苦其心志，劳其筋骨，饿其体肤，行拂乱其所为，所以动心忍性，曾益其所不能。”

现在孩子意志力的总体状况令人堪忧，很多孩子意志力薄弱，没有吃苦耐劳的精神，个人的自理能力差，一遇到不好的环境和遭遇时，就显现出软弱、迷茫、不知所措、依赖性强的毛病。上海市的一家教育研究机构对200多名小学生进行了抽样调查，当被问及“家里来了小偷该怎么办”时，有67%的孩子选择“找个地方躲起来”或“叫爸爸妈妈”；面对“长大之后没有钱生活”的问题时，59%的孩子给出了“向家长要”的答案；对于生活中一些细小的事情，诸如“书包破了”、“文具丢了”等，90%以上的孩子选择“让妈妈买新的”。

孩子之所以会有如此强烈的依赖感，固然与他们性格上的软弱有关，但更重要的是源于父母教育上的失误，而且孩子软弱性格的形成，也在相当大的程度上取决于父母的教育。现在，大多数的家庭里都是独生子女，他们从小就受到家人的百般呵护，生活中只要有要求，不管好坏，都能得到满足，家人生怕孩子受到一丁点的委屈。可是家长的溺爱和迁就带给孩子的是怎样的影响呢？他们变得任性、蛮横，受不了一丁点的挫折和打击，个人的能力相对薄弱，对他人的依赖性却是越来越强烈。

一个人有一种什么样的性格，在相当大的程度上就决定了他将会有一个什么样的命运。这一点，我们翻翻历史书就可以明白。想来“扶不上墙的阿斗”是不会像他先祖汉武帝一样北击匈奴与万里之外的，只懂得钻研诗词歌赋的南唐后主也只能沦为赵匡胤的阶下囚；每逢道路被堵就痛哭流涕的阮籍，他永远不会明白稽康高唱《广陵散》就义时的抱负。

一块儿肥沃的土地，并不就是庄稼能够茂盛的保证，还需要农民不断地进行管理，因为比庄稼长得更快的是杂草。同样的道理，一个家庭的优越或孩子自身的先天条件，并不就是孩子成才的保障，如果父母没有及时地进行教育，这些反而为孩子变坏提供了条件。家庭教育涉及到方方面面的问题，其中最重要的就是培养孩子的意志力。也许你的孩子有着很高的智商，也许你的孩子活泼好动，也许你的孩子能言善辩，但如果没有强大意志力的话，他们仍将会一无所成。

孩子的意志力需要后天的培养，并不是先天生就的。父母培养孩子意志力的时候，应该先从一些小事开始，小事完成之后再加大事情的难度，同时在孩子做事的过程中父母要及时给予鼓励和支持，使他不至于半途而废，这是锻炼孩子意志力最有效的方法。

1. 有明确的目标：父母应该在征求孩子意见的前提下，指导和帮助他制定出短期和长期的目标，使孩子能有一个努力的方向。孩子有了方向，就会在心里产生出决心来，而决心又将指引他为实现目标而去努力。值得引起家长注意的是，给孩子设定的目标一定要恰当，应该让孩子明白：如果不努力，这个目标是实现不了的，但只要稍微经过努力了，就能够实现。目标制定得太难或者太易了，都不能达到锻炼孩子意志力的效果。另外，目标如果是合理的，那就应当要求孩子坚决执行，直到实现为止，不可因一时的迁就使事情半途而废。

2. 给孩子自由活动的空间。如让孩子自己完成作业，和伙伴之间的矛盾自己想办法妥善解决等。在进行这些活动时，孩子要克服很多来自内部和外部的困难，就是在克服这些困难的过程中，他的意志力得到了锻炼。另外，如果孩子没有完成这些活动，父母也不必急着去帮忙，而应该“先等一会儿”，尽可能让他自己去解决困难。只有经过孩子自己的努力完成了活动，他才会在心里有一种终于胜利的满足感。

3. 设置一定的障碍。“宝剑锋从磨砺出，梅花香自苦寒来。”一个人要想拥有一份坚强的意志，必定就需要经历一定的磨练。事实证明，越是困难的环境越能磨炼人的意志力。因此，在日常的家庭生活中，父母应该有意识地设置点障碍，给孩子创造克服困难的机会。对于孩子来说，生活道路上的平坦并不是好事，适当有一点坡度，反而更利于孩子的成长。这是因为，如果父母人为地把障碍全部清扫干净，孩子在前进时或许会很惬意，可问题是，父母不能帮孩子清扫一辈子的障碍，而他终究是要独自走自己路的，那时候，又让他如何具备走坎坷道路的能力呢？

4. 让孩子学会自我控制。孩子意志力的形成，一方面来自家人的严格要求，另一方面也是他们在日常生活中自我控制的结果。只是由于孩子的自控能力不是很强，家长要经常对孩子给予启发，包括让孩子自我命令、自我鼓励、自我禁止、自我暗示等，都可以很好地起到锻炼意志的效果。比如，当准备做一件事情时，孩子总感到很难开始，这时就可以让他从“一”数到“三”，或者自己对自己说：“大胆些”、“不要害怕”、“一切都会顺利的”等。

5. 适时的表扬。对于孩子的赞扬和鼓励，在很大程度上可以提高孩子的勇气，增强他的信心，有利于意志力的锻炼。孩子在活动中表现出来的点滴进步，父母都要及时且适度地给予肯定和赞许。就算孩子没能完成计划，父母也切不可武断地说：“我就说你完不成”、“我早就知道你没长性”等丧气话，而应该进行具体分析，帮助孩子克服挫折感。

孩子的意志品质与他的性格特征有着一定的关系，因此家长在培养孩子意志力时，还应该充分考虑孩子的性格。对于性格内向的孩子，父母应该着重锻炼他的果断性和灵活性，以此来培养他大胆、勇敢和坚毅的品质；对于性格外向的孩子，则应加强培养他的自我控制能力，这样有助于使他养成忍耐、沉着、克制的品质。

耐心是这样“炼”成的

在孩子的身上，我们常会看到这样的一个现象，就是当一件新鲜的事物出现在他面前时，他马上会变得很兴奋，一副跃跃欲试的样子，当让他们去从事这件事情，开始的时候他们还干劲十足，可过不了多长时间，随着热情的慢慢冷却，继续做下去的兴趣就一点不剩了，最后终于把这件未完成的事情抛在了脑后。平时常听到一些家长如此抱怨自己的孩子：“我这孩子挺聪明的，就是做什么事都没有耐性，总是三分钟的热度，没有一件事最后能做完的，都是虎头蛇尾，半途而废。”

事实上的确是这样，好动是每一个孩子的天性，让他们静下心来去做一件事情，总会显得很难。因此，就摆在父母面前一个难题，那便是如何在不扼杀孩子天性的基础上培养他们的耐心。依据儿童心理发展的观点来看，孩子的耐心与他的注意力有很大联系。孩子由于身心发展上的限制，他并不善于对自己的注意力加以控制，再加上孩子注意力的稳定性较差、易分心等，致使他们不能专注于某一事物，因此耐心也就不易培养。针对孩子的这种情况，家长要明确一点，孩子做事是否有头有尾、有始有终，这属于他心理活动中的意志品质问题。因此，在日常生活中父母可以从不同的角度对孩子的耐心进行培养。

比如孩子很喜欢花草，时常有自己养花的想法，这时父母就应该满足孩子，可以利用家里的阳台，为孩子买来花盆和花籽，先教孩子如何选择适合花草生长的土壤，然后和孩子一起把花籽种下去。告诉孩子养花草应该注意哪些之后，就可以把这项任务完全交给孩子，并让他在培育花草的过程中，仔细观察植物生长的过程，诸如什么时候发的芽，什么时候长出了叶子，什么时候开出了一朵小花，这些都让孩子记录下来，同时也要让他写下自己当时的心情，以便于让他体会一个生命的成长过程，还有自己完成一件事情时的喜悦。在孩子培育花的过程中，肯定会因疏忽而忘记花草，或者嫌它长得太慢而不想再养了。这个时候，父母一定要及时给予鼓励和支持，并让他明白：不管你多么着急，也不会在今天撒下种子之后，明天它就能发芽、吐叶、开花。花草的生长是需要一个过程的，它不会因为你迫切地想看到什么样子，它就会成为什么样子，这一切的得到必须经过耐心的等待，而且你还要不断为此付出，天天给它浇浇水，有时还要松松土，并让它享受到充足的阳光。

父母在培养孩子耐心的时候，自己要更加有耐心。孩子耐心的养成，并不是一天两天的事情，它来自于一点一滴的积累。父母在有这样的一个心理准备之后，还要做到以下几方面的要求。

1. 家长要为孩子做出榜样。榜样的力量是无穷的，可以在潜移默化中便影响一个人的方方面面，尤其是孩子处在一个热衷于模仿的年龄段，它的影响将更加深远。许多孩子之所以没有耐心，就是因为家长对孩子做事的要求不够严格，或者就连父母自己在做事时往往也是虎头蛇尾。所以，家长在平时就要注意自己对孩子的影响，给他树立一个模仿的样板，要知道，一个三天打鱼两天晒网的家长很难培养出有耐心的孩子。同时，还要严格要求孩子，不能给他任何半途而废的机会。每当开始一个新的活动之前，必须督促他把现在正在进行的活动解决完。比如让孩子写完作业之后再去睡觉，那在他睡觉之前父母就应该认真检查一下，看他的作业是否真的完成了。这并不是对孩子不讲情理的苛责，而恰恰是为了培养孩子做事善始善终的良好习惯，是对孩子有责任心的表现。

2. 排除无关的刺激和干扰。有时候，孩子把注意力从一件事物转移到另一件事物上，完全是在一种无意识的状态下进行的，因为一切新奇、多变的事物都会吸引他们的眼球，干扰他们正在进行的活动。在这种情况下培养孩子的耐心，是相当有难度的。因此，当孩子在进行一件活动的时候，父母应该为他们排除一切与这件事无关的干扰。例如孩子正在客厅里画画时，父母要尽量少走动，也不要同他说话，更不要在一旁看电视、听音乐，这样都会影响到孩子，分散他的注意力。

3. 别让孩子过度疲劳。孩子的神经系统是敏感而脆弱的，其耐受力相较之于成年人有很大的差距。因此，如果让孩子长时间地处于紧张状态或从事某项单调的活动，很容易就会觉得疲劳，觉醒水平也因此降低，注意力也变得涣散。有些父母为了培养孩子的耐心，明明知道他的注意力不集中了，还是强迫孩子一再地坚持。这样的做法不仅收不到培养孩子耐心的目的，反而会使孩子产生出逆反情绪，从而更加不喜欢该项活动。因此，当孩子进行一项活动的时候，父母可以为他设定一个相对宽裕的时间，允许他们适当地休息一下或做些别的事，当他们的疲劳得到缓解之后，提醒他应该去把那项活动进行完。为了培养孩子的耐心，父母必须要对其进行严格要求，但切不可把严格要求变成了对孩子的“死要求”。

4．让孩子学会自我监督。某项活动要想持之以恒地坚持下去，别人能给予的帮助都是些外在的因素，最终还是要靠孩子的自觉行为，因此，要让孩子学会自我检查与监督。在让孩子学会自我检查、自我监督之前，父母应该先从检查和鼓励开始。比如在与孩子共同确定了某项活动、某个目标之后，每天都要对完成的情况进行检查，并让孩子对自己进行评价，同时对孩子的良好表现要给予鼓励和赞扬，做得不够好的地方要给予引导，并激励孩子在往后的时间里加以改正。也可以为孩子设计一张自我鉴定表格，让孩子对完成学习计划、良好行为习惯、某项活动目标等情况进行打分，此时父母要定期对孩子的自我监督进行监督，对他的自觉行为进行表扬。

根治孩子的坏脾气

时下，我们经常会听到有些父母抱怨自己的孩子脾气大，在日常生活里，只要有一点小事不顺着他的意思去做，达不到他的要求，他就会变得歇斯底里，和父母大吵大闹一场。为此，也有不少父母叹息：“我家这孩子，真是管不了！”

很多事实也证明，现在孩子的脾气是越来越大，越来越坏。14岁的明明为了玩网络游戏而和爸爸怄气，竟然硬生生把爸爸的手指掰断了；正在上初二的小芸在家经常借题发挥地“冤枉”父母，并且将此当成了她生活中的“必需品”；11岁的小强在和父母争吵之后，一挥手把上前劝他的妈妈推倒在地上，说：“别理我，我根本就不是你们亲生的！”一位母亲为了让女儿在进门之前先换鞋，竟然迎来了女儿的一顿大吼大叫，只好亲眼看着自己15岁的女儿紧攥着拳头，向她咆哮完之后，怒气冲冲地跑到了自己房间里，把书包使劲地往地上摔去，还一把掀翻了竹书架。

面对孩子如此种种的行为，很多父母在无奈和伤心之余，并不知道如何去解决，只能是干着急却束手无策。这显然并不是解决问题的好办法，如此一来反而更助长了孩子的坏脾气，使他们变得越来越肆无忌惮，“有理不让人，无理搅三分”，稍有不如意就借着摔打东西来发泄，或者对着父母大吵大闹一顿，更有甚者还跟父母大打出手。还有一些家长认为孩子这样的表现，与他们的青春期的叛逆有关，因此只会是阶段性的，等过了这个阶段孩子就不会再这样了，于是置之不理。但这些家长却忽略了这样一个现象，就是父母如果不正面应对孩子身上存在的这一毛病，不久就会发现，在他的身边根本没有什么朋友，而且也无法与老师或其他成年人融洽相处。在他们长大之后，这方面的缺失将会影响他们一生。

从教育者的角度出发，一个人无论具备怎样的一种性格和行为习惯，都会有一定的形成原因。那么，是什么原因造成孩子有这样大的脾气呢？中国心理学协会的学者宋群认为，孩子坏脾气的形成来自于两个方面，一个是外部环境的塑造，另一个是内心的心理因素。其中，家长对孩子的长期溺爱是造成孩子脾气坏的最直接的原因，而青少年产生并逐渐强烈的“成人感”是他们脾气坏的诱因。

现在的很多家庭当中，孩子都被当成了家里的“小皇帝”、“小公主”，天上的星星如果想办法可以摘下来的话，一定有家长会去摘一颗给自己的孩子玩耍。在这样的一种教育环境之下，孩子的任何要求都会被父母尽量满足，于是一旦要求没有得到满足时，孩子就会受不了，大发脾气也就在情理之中了。

在家庭生活中，如果父母双方都爱激动，并且经常吵架，这也是造成孩子脾气坏的外部因素之一。孩子会因为受到父母的影响，性格变得急躁、不稳定、容易着急，在看待问题时也很容易走极端。

相对于因为家长的溺爱而使得孩子乱发脾气来说，孩子逐渐强烈的“成人感”也是不容忽视的。正处在青春发育期的孩子，他们在身体迅速成长的同时，在生理方面也逐步成熟起来，因此在心理上就想努力摆脱对父母的依赖性，好让自己能够以独立人格出现在旁人的面前，但另一方面让他们苦恼的是，自己的知识、经验和能力却并不能帮助他们摆脱依赖父母的习惯。正是在这样的一种矛盾和困惑之下，他们常常会处在焦虑的情绪当中，进而会时常产生不能自控的情绪波动，以至于每当面对父母的时候，这种情绪波动便不由自主地发作了起来。

对于孩子的坏脾气，父母不能等闲视之，应该引起足够的重视。美国相关研究人员的报告指出，如果孩子长期乱发脾气的话，可能是他正处于危险的抑郁症或破坏性疾病当中。因为，健康的儿童往往很少带有攻击性的脾气。既然如此，针对上面指出的造成孩子脾气坏的种种原因，当孩子正在发脾气的时候，父母应该采取什么样的方法和措施来加以应对呢？

总体上来说，当孩子正在发脾气时，父母要先冷处理，也就是把他暂时搁置在一边，不要和他直接对话，因为这时的孩子是什么也听不进去的。等到他平静下来之后，你可以心平气和地询问他刚才发脾气的原因。在同孩子交谈的过程中，父母要做到两件事，一件事是让孩子明白发脾气是并不能解决问题的，另一件事就是听听孩子的想法，了解孩子发脾气的原因，帮助孩子控制自己的情绪，学会用适当的方法解决问题。

当孩子发脾气的时候，父母尤其要注意冷静，不要被孩子的坏脾气传染。有一些家长，孩子正在生气，谁知他们比孩子更生气，结果弄得大人和孩子都是火冒三丈。这样的做法根本解决不了问题。正确的做法应该是这样：当孩子生气的时候，父母要静下心来，耐心地等待孩子把气撒完，然后再去和孩子沟通。

为了更好地帮助孩子改掉乱发脾气的习惯，在平时的生活当中，父母就应该从一些小事开始，加强孩子心理承受能力方面的训练。当孩子做了错事之后，父母不应该动辄就加以指责和批评，而应该以接纳和尊重的口吻来对待孩子，以交朋友的方式使孩子明白，以他现在所处的年龄，做了错事并不可怕，也不会因此就丢了面子。恰恰相反，只有勇于承认错误、勇于承担责任，才是一个孩子逐渐成长的标志。

在美国的一个小城镇里，有一个11岁的小男孩。在一次踢足球的时候，他不小心把邻居家的玻璃打碎了。为了赔偿邻居家的这块碎玻璃，小男孩需要有12.5美元。当闯了大祸之后的小男孩向父亲求助时，父亲并没有大包大揽地把责任承担下来，反而让他自己付钱。小男孩一下子被难住了，因为他没有钱赔人家，此时父亲答应借给他12.5美元，但条件是1年后必须归还。从此，小男孩便开始了边学习边打工的生活。一年之后，他把12.5美元还给了父亲。这位小男孩就是后来成为美国总统的里根。

只有让孩子的心中拥有了责任感，他就会用感恩的目光和语言来跟父母进行交流，从而从根本上改掉乱发脾气的毛病。

毅力就是坚持

毅力也被称作意志力或坚持力，它是一个人想要获得成功所必须具备的最重要品质之一。在每天的生活当中，我们都难免会碰到困难和挫折，仿佛它们与成功是相伴相生的。如同只有下过一场大暴雨之后，天空才会出现绮丽的彩虹一样，一个人要想在学习上百尺竿头、工作上出类拔萃、事业上有所建树，就必须以坚强的毅力和永不枯竭的勇气来战胜与成功相伴而来的困难和挫折。对于一个孩子来说，预测他将来是否能成才，毅力就是一项不可忽视的指标。

日本的父母认为，一个在物质条件过分优裕环境中长大的孩子，大多会缺乏毅力，不利于他的成长，因此在孩子稍大一些之后，日本家长就会有意识地让孩子多吃一点苦，比如上学会让他去挤公交车，而不会用小轿车去送。在平时的家庭生活中，对孩子的毅力的培养也毫不放松，如果孩子正在看一本书，他们就会要求孩子从头至尾把它看完；如果孩子正在画一幅画，只有在彻底画完之后，他们才允许孩子休息；如果孩子正在洗衣服，他们是绝不允许孩子以累或手疼为借口而半途而废的。另外，他们还经常让孩子在烈日之下赶路，或者裸身进行冬泳等。

纵观日本家长的这些做法，中国父母看了之后，肯定会有相当一部分的家长这样说：“孩子可是我亲生的，这不是往死里折磨他吗？”可社会是很现实和公正的，有时候它的公正看起来甚至会有些残酷，但却是我们每一个人都无法回避的现状。社会不会因为谁是你的孩子，就对他特别偏袒。为了孩子能有一个美好的将来，我们做父母的必须在今天就为他打下扎实的基础，而培养他们的毅力，就等于给了他一副不弯的脊梁。

1955年的一天，济南莘县降生了一个女婴，她的名字叫张海迪。命运对于这个女婴来说，无疑是极其残酷的。就在她5岁的那一年，因为患上了脊髓病，致使胸以下全部瘫痪。这对于任何一个人来说，都够得上是致命的打击，可这个小女孩却从此开始了她独特的人生历程。由于她生活上不能自理，因此也不能像同伴那样去学校上学，可这并没有阻碍她对知识的获取，她在家自学完中学课程之后，又自学完了大学英语，还学习了日语、德语和世界语，并翻译了16万字的外文著作和资料。另外，她还自学了十几种医学书籍和医科院校的部分教材，并且学会了针灸等医术。

各方面都健全的我们，当看着张海迪所取得的这些成就，都会有叹为观止的感觉，而对于一个胸以下全部瘫痪的她来说，要取得这样的成就，显然毅力是不可或缺的因素之一。

既然毅力对于一个人的发展有着如此重要的作用，那么在家庭教育中，父母应该从哪些方面入手，来培养孩子的坚强毅力呢？

1. 给孩子树立战胜困难的勇气和信心。无论是做什么样的事情，首先只要有信心，才有坚持下去的动力，而坚持实践的长短，也就体现了孩子是不是有足够的毅力。因此，培养孩子的坚强毅力，首先就要帮他树立起信心。在平时的生活中，父母可以通过激将、树立榜样、故事熏陶、展开竞争等方法，不断对孩子进行诱导和鼓励，以此来增强他们克服困难的勇气，树立自信心，使孩子不畏惧所面临的困难和挫折，并会以积极的方式去想办法克服。

2. 对追求和理想要有强烈的愿望。一个人头脑里的愿望，是他展开一切行动最根本的源动力。每一个人都会把自己不同追求的实现作为自己最大的满足。任何一个人，他的愿望越强烈，为此而展开的行动也就会越迅捷、彻底、到位。顽强的毅力与强烈的愿望是紧密联系在一起的，因此要想获得成功，就必须先有强烈的成功愿望，这样行动才会产生极大的毅力。

3. 确立明确的奋斗目标。斯大林曾经说过，伟大的目标就会使人产生出伟大的毅力。一个人的成长过程，更应该是一个不断寻找、追求理想目标的过程。目标越明确和清晰，越贴近实际和现实，成功的可能性也就会越大，因此家长要正确分析实现目标必须要付出的艰苦努力，指明行动的方向。

4. 积极的行动是必不可少的。现在很流行这样的一句话，叫做“心动不如行动”。从某种意义上来说：行动是成功的起点，行动决定着一切。因此当孩子有了明确的目标之后，就应该鼓励孩子为了目标的实现而付之以积极的行动。俗话说“多走一步，多一份成功的机会”。只有积极的行动，才能应对困难和挫折；只有不停地行动，才是实现愿望的最佳选择。

5. 在行动的过程中要克服消极的心理。俗话说“万事开头难”，每一件事情在开始尝试的时候都不会一帆风顺，因此当孩子在遭遇到挫折的打击时，父母要及时对他进行鼓励，让他学会用积极的心态面对所遇到的一切。只有让孩子始终保持着一定的自信心和对成功的渴望，才能有足够的毅力以保证孩子去实现目标。

毅力作为人所具备的一种良好品德，只有在克服困难的过程中才会显现出来。换言之，克服困难的过程，也就是培养和增强毅力的过程。因此在平时的生活中，父母应该加强孩子的体育锻炼。科学家们发现，积极参加体育锻炼不仅可增强体质，还可以增强心理承受能力，尤其是那些需要坚持才能完成的运动项目，如慢跑、游泳、登山等。另外，父母的表率作用对于孩子毅力的培养也至关重要。很难想象一个冬练时因怕寒冷而半途而废的父亲，能培养出一个不屈不挠地练长跑的儿子。

第九章
培养孩子的理财

从小开始培养孩子的理财能力，可以让孩子学会规划，更会让孩子明白钱财对自己人生的真正价值。

理财从零用钱开始

现如今的孩子，口袋里揣着百、八十块钱已经不是什么新鲜的事情了。我有一个朋友是做学习用品业务的，一次到一个学校去，一个六年级的学生想买一些用品，说是需要和父母商量一下，便让我朋友把手机号留下。我朋友把手机号告诉他，这个学生满脸不屑，说："你怎么用的还是'神州行'，我用的都是'全球通'了？"事后，我朋友一脸无奈地说："没想到混了半辈子，到头来还没赶上一小孩儿！"

孩子的腰包鼓了起来，侧面反映出了我们的生活得到了很大的提高，这是很值得高兴的事情，可问题也就随之出现了。父母给孩子零花钱，根本的出发点是希望孩子能够用它购买一些学习用具和课外书籍，可实际上却因此养成了孩子乱花钱的毛病。他们不懂的爱惜钱财，花钱如流水，零花钱基本都被用于买零食、冷饮，或者干脆拿着钱去玩网络游戏了。造成出现这种现象的原因，就是由于孩子的自我控制能力差，不能抵御诱惑的吸引，从而养成了花钱大手大脚的习惯。可这样的习惯一旦形成，对孩子的危害是极大的，一旦父母不再给零花钱或者手头缺钱时，他们就会养成偷偷摸摸的坏习惯，此时再不及时地加以教育和管理，孩子离犯罪的距离就只有一步之遥了。

对于孩子的零花钱问题，不同家长的想法和做法也不相同。有一些父母害怕孩子因此而学坏，认为不应该让他过早地接触钱财，于是，家里缺什么东西父母都不会用孩子去买，孩子需要什么东西父母都替他操办，不让一分钱到孩子的手上。这样的做法从根本上是杜绝了孩子乱花钱毛病的出现，因为孩子手里根本就没钱可花，但是在这样的一种管教下，孩子养成了“衣来伸手、饭来张口”的毛病，有需要只知道向父母提出。或许在年纪小的时候，这样的一种生活方式对他们的影响不大，可一旦他长大成人走上社会之后，一个不懂得如何安排生活的人，一个不懂得如何合理使用钱财的人，又该如何生存并发展呢？

法国的心理学家阿内·巴舒认为：“父母应该较早地对孩子进行有关金钱方面的教育。孩子刚开始会数数时，就应该让他认识钞票，甚至可以每周给他少量的钱，如5法郎，这种做法有助于孩子慢慢学会掌握钱财。”在许多发达国家里，他们很早就开始抓起了对孩子的理财教育，而且他们所采取的方法很合乎孩子们的特点。例如当孩子3岁左右时，父母就会教他辨认硬币和纸币，8岁之后就会安排一些适合他做的家务，让他通过做额外的工作来赚取自己的零用钱，并帮他在银行开设一个账户，鼓励把多余的钱存在储蓄账户上，12岁的时候，孩子就能自己制定并执行2周开支计划，懂得正确使用一些银行业务术语等。

在美国，普遍上的家庭都认为：对孩子理财方面的教育，可以从让他们学会使用零花钱开始。让孩子学会使用零用钱的目的，就是为了让孩子学会如何预算、节约和自己做出消费决定，此时父母不会进行任何的干预，如何使用完全由孩子自己全权负责。父母只会给孩子与其他同伴大致相当的零花钱，只是当孩子因超支而遇到困难的时候，父母不会轻易帮助他们度过难关，而先让他们自己想办法解决。如果实在解决不了的话，父母会给他们一些钱，但这些钱是必须在规定期限内归还的。通过这样的一种方法，就可以使孩子学会对自己的消费行为负责。另外，美国的父母一般都鼓励孩子靠打工挣零花钱，教会孩子存钱，提供模拟成人生活开支的训练。

中国父母在这方面对孩子的教育是显然不够的，这一方面是由于传统观念的影响，很多父母认为养育孩子是自己分内的事，其中包括无偿提供给孩子零用钱；另一方面也是由于我们父母从小就很少受到理财方面的教育，因此也并不知道理财对孩子的将来有多重要。于是就出现了这样的情况：一些较富有的家庭，父母从来不会在零用钱上苛刻孩子，相反非常大方，只要孩子开口就满足他，从来不问及孩子用这些钱都干了些什么，长此以往，使孩子养成了奢侈浪费的习惯，穿的衣服都是名牌，进出的地方都是高级场所，不少孩子因此学坏了，有些甚至走上了犯罪的道路。

美国的石油大亨老洛克菲勒认为，应该从小就培养孩子的理财能力，这会使孩子受益终生。洛克菲勒家族是全球第一个拥有10亿财富的富豪。可是以卖鸡蛋开始创业的老洛克菲勒尽管富甲天下，在零用钱上却从不放任孩子。

洛克菲勒家族的人认为，家庭的富裕更容易使孩子受到物质方面的诱惑，因此他们对孩子的要求也更加严格。在孩子零用钱方面，这个家族一直流传着“14条洛氏零用钱备忘录” 这个备忘录是约翰·洛克菲勒三世小时候与父亲约法三章时提出的，里面规定约翰·洛克菲勒三世每周只有1美元50美分零花钱，最高不得超过每周2美元。在账目上要清楚记录下每笔支出的用途，等到下周领钱时交给家长审查账目，如果钱账清楚，用途正当的话，下周就会增发10美分，反之则减。

这样的做法并不是对孩子的吝啬，相反正是得益于这样的做法，使洛克菲勒家族的孩子从小就养成了不乱花钱的习惯，学会精打细算过日子，学会了当家理财的本领，这也就是他们的后人在成年之后为什么都能成为企业经营能手的原因。

从合理利用和管理零用钱开始，让孩子尝试着去学习理财，就可以为孩子将来创造财富打下很好的基础。美国著名的理财专家凯·R.雪莉提出了父母在对孩子进行理财教育时所负担的义务：孩子在4–10岁时掌握理财的基本知识：消费、储蓄、给予，并尝试；10–20岁掌握并开始养成好习惯：消费、储蓄、给予、使用信用卡。

打理好孩子的压岁钱

每逢春节期间，我国历来就有给孩子压岁钱的习俗，一方面它是长辈关心和爱护晚辈的表现，另一方面也是出于一种礼尚往来的需要，通过给孩子压岁钱可以起到融洽大人之间关系的目的。随着人们生活水平的不断提高，每年给孩子的压岁钱也“水涨船高”，呈现出节节上升的趋势。当前一个孩子在过年期间收到的压岁钱，少则上千元，多则上万元。一下子拥有了这么多的钱，孩子是怎么对待它呢？我们来看一些事例。

上海市一个叫强强的五年级学生，开学之初用压岁钱请同学去饭店吃饭，一顿饭就花了3000多块钱；北京市某中学的一名学生拿着压岁钱请朋友去KTV唱歌，之后一窝蜂似的跑去洗桑拿；成都市的一名初二学生用压岁钱买了一部价值4000多元的诺基亚手机，以此在同学面前炫耀；广州某高中一年级的学生用压岁钱给女友买了一条价值8000多元的项链，用以表达对女友的爱意……

孩子们的手里一下子有了这么多的钱，父母对此应该怎么处理呢？是“没收”、“截留”还是完全“放权”？据某报社对孩子压岁钱的追踪调查显示，有41％的父母会把孩子的压岁钱要回来，目的就是怕孩子乱花钱，并因此沾染上不好的行为习惯；有37%的父母因为平时的工作非常忙碌，而且认为给孩子的压岁钱一年也就只有一次，并不当回事儿；剩下22%的父母尽管也知道这么多钱对孩子不好，可是如果“没收”的话又怕伤害到孩子，因此不知道如何是好。

父母对孩子的压岁钱不管不问，任由孩子喜欢怎么花就怎么花，这种做法是肯定不对的，不但不利于孩子良好习惯的养成，孩子反而会在这种错误的教育之下养成错误的理财观念，并进一步产生出不正确的金钱观，而另一方面由于现在社会存在着较多的诱惑，孩子的自制能力却相对较弱，很容易因此而喜欢上沉迷、糜烂的生活，甚至触犯到法律。有些父母“没收”孩子的压岁钱，从根本上杜绝了孩子花钱大手大脚毛病的养成，孩子因钱多而学坏的可能也就没有了，可是这样的做法会伤害到孩子的自尊心，因为身边的同学都有压岁钱可以支配，自己却没有，长期这样下去，很容易使孩子产生自卑的心理。另外这种做法在无形中还打击了孩子自我理财的积极性，因为孩子手头根本就无财可理。

完全“没收”孩子的压岁钱或者对孩子的压岁钱采取放任自流的态度，都是一种很极端的做法，对孩子理财观念和意识的形成不利。对于孩子的压岁钱，正确的处理方法是疏堵结合，就是父母对孩子时用压岁钱提出合理的建议，防止孩子拿这些钱去做一些错误的事，要利用压岁钱让孩子学会理财。

1. 帮孩子建立理财账户。

过年之前，父母可以同孩子一起去银行申请一个活期存款账户，最好是以孩子的名义开户，这样能充分调动起孩子的积极性。可以让孩子初步了解一下有关储蓄的情况，比如如何使用储蓄卡，定期利率与活期利率的差异，利息该如何计算等。孩子有了压岁钱之后，父母开始应该陪同孩子把钱存进自己的账户，当孩子对储蓄有了初步的了解之后，就可以让孩子自己去存钱了。另外在办理账户时应该“卡折一体”，卡可以让孩子自己保存，以增加他的责任感；存折最好父母帮着保存，以防遗失。

北京市某学校的高一学生赵燕，从10岁起就在父母的帮助下办理了储蓄账户，自己打理钱财。她存款的方式比较保守，每年得到的压岁钱她都会存一年期限，到期后再连同当年的压岁钱一起转存。虽然这样定期存款的收益率相对要低一些，但银行账户上逐年增加的数目还是让赵燕很高兴。用她的话说就是这样不但锻炼了自己的理财能力，在自己将来上大学的时候还可以减轻父母的一些负担。现在，在她的银行账户上已经有将近4万元的存款了。

2. 同孩子拟定压岁钱使用计划。

当孩子在10岁以后，父母就应该在钱财方面对孩子放松一些，但是对孩子的压岁钱还是应该要求他制定出一个使用计划来，不宜彻底放手让孩子自主支配。对于孩子制定出的使用计划，父母应该按照“先学习，后生活；先添衣，后零花”的次序来进行一定的修改，另外在使用钱的时候，要严格实行“量入为出，收支平衡”的原则。

从上幼儿园起，小雨就能得到几百元的压岁钱，每年父母都会把压岁钱放到为她准备的存钱罐里。可是在她10岁的那一年，她一次性花200多元买回来一大堆小食品、小玩具，妈妈询问她为什么花这么多钱，小雨很轻松地说："我花的是自己的压岁钱。"为此父母很头疼了一段时间，后来妈妈突然想到：如果对压岁钱的使用制定出一个计划，说不定就会改掉小雨乱花钱的毛病。于是妈妈帮小雨制定出了一份有关压岁钱的使用计划，并对"量入为出，收支平衡"的原则严格要求，规定她当年的支出决不能超过压岁钱收入的总数。慢慢地，小雨在用钱上有了计划，随意花钱的现象大为减少。

3. 让孩子记收支流水账。

在账面上，每用一笔钱都要清晰地记录下时间、用途、用量和剩下的余额，这样做，一方面可以让孩子对自己的财务状况做到心中有数，另一方面也培养了孩子的理财和规划能力。

4. 用压岁钱买教育基金或保险。

父母用压岁钱给孩子做投资，这是近年来比较流行的一种方法，它能够使孩子得到两方面的保障：一是孩子的生命安全得到保障，二是孩子的教育得到保障。另外这样做不但有效地克制了孩子大手大脚的毛病，还培养了孩子的保险意识，可以说是"一句三得"。

养成储蓄的习惯

使孩子学会科学的理财方法，是每一位父母都义不容辞的责任，因此不应该只是让孩子对钱有所了解和认识，还应该让孩子到生活中去培养、训练自己的理财能力，其中最有效的方法之一就是让孩子养成储蓄的好习惯。

美国著名的教育专家戈弗雷认为，一个从小就没有“储蓄罐”的孩子是不健全的孩子，为此他在《钱不是长在树上的》一书中说道：“孩子们可以把自己的零花钱放在3个罐子里，第一个罐子里的钱用于日常开销，购买在超级市场和商店里看到的‘必需品’；第二个罐子里的钱用于短期储蓄，为购买‘芭比娃娃’等较贵重物品积攒资金；第三个罐子里的钱则长期存在银行里。”

在人的一生当中，谁都离不开储蓄，不管是财大气粗的商界大亨，还是量入而出的平头老百姓。因此，从小培养孩子储蓄的习惯，能够帮他们树立正确的金钱观和吃苦耐劳的精神。对于一个孩子来说，储蓄习惯的养成，也是他们日后在事业上取得成绩的先决条件之一。

在美国的芝加哥有一个年轻人，叫巴菲特，在一家跨国公司工作的他虽然一直拿着高薪，可是银行账户里一分钱也没有。并不是他不想储蓄，相反，他一直希望自己的银行户头上能有存款，即便是几十块钱也不错，只是每当月底的时候，口袋里总是空空如也，那些钱如同插上翅膀似的，都不知道飞到哪里去了。

一次，他的一位朋友因为遇到了困难，来向他寻求帮助，可是他实在拿不出钱来。当朋友失望地离去之后，他坐在沙发上开始仔细计算自己的钱都怎么花掉了。最后他发现，原来自己正常的必要开支还不到薪水的1/4，而剩下的钱却都被花在了吃喝玩乐上。他暗自决定，以后一发工资就把工资的一半存到银行的户头里面，再也不能抱着攒一大笔钱再储蓄的想法了。一段时间之后，巴菲特惊喜地发现，只要有储蓄的行动，积攒下一笔钱原来是一件很容易的事情。年底的时候，他在银行里就已经有了一笔相当可观的存款，同时也并没有觉得因此而失去了任何快乐。从此他逐渐改掉了过去自由散漫、大手大脚的毛病，变得更加自重，还利用闲暇时间养成了阅读和自学的好习惯。

有不少家长认为，孩子的年纪还小，储蓄这件事对于他们来说会有相当大的困难。其实，一个人是否能够存下钱来，在很大程度取决于他的习惯，如果他养成了储蓄的习惯，就会在不知不觉当中把钱“送到”银行去。储蓄对于孩子的重要性性，正如《穷爸爸富爸爸》一书的作者所言到的：“如果你不教着孩子学会储蓄，其他人将会替代你。”这句话的意思就是说，如果让警方或者债主代替父母对孩子进行这方面教育的话，孩子便会因此付出极大的代价。

因此，为了孩子未来能有一个美好的生活环境，父母应该及早帮孩子建立储蓄的观念。

在美国的一些家庭中，父母很重视对孩子储蓄观念的培养。比如，孩子想要拥有一枝80美分彩笔，就必须从自己的零用钱里面节省，父母只是在给孩子零用钱的时候会多给十几美分。当然，这并不是美国父母故意刁难孩子，相反，他们只是想通过这样的方法促成孩子储蓄观念的形成。为了方便孩子储蓄，美国父母不仅仅是在银行为孩子开一个储蓄账户，平时还会教育他们合理使用自己的积蓄。也就是说，美国父母并不提倡孩子“只存钱，不花钱”，他们认为这样并不利于孩子对储蓄的认识，更不是合理的理财观念。比如，孩子想要买一辆新自行车，向父母提出这个想法之后，他们会被告知：你可以动用你的一部分储蓄。

为了鼓励孩子把自己的零用钱存到银行里去，父母在银行开的户头，最好用孩子的名义，这样当孩子在铅印的存单或存折上见到自己的名字时，会增强他们的自尊心，他们会从心里感到自己长大了，变得重要了。另外，只有让孩子进行储蓄，他们才会明白：钱并不是随便就能够从银行里领出来的，必须先把钱存到银行里去，然后才能取出来，而在把钱存到银行之前，手里必须首先要有钱，这些钱来自于自己平时的节省和劳动所得。

那么，开始的时候，应该怎样着手来培养孩子的储蓄习惯呢？建议父母可以从以下几个方面入手。

1. 储蓄优先。

我们都会有这样的经历和体验，就是如果在有钱的时候把储蓄这件事拖后再做的时候，一般都会发现，我们的口袋里早已经空空如也了。所以储蓄的当务之急就是，只要有钱就把它放到银行去。为了培养孩子储蓄的良好习惯，父母应该帮助孩子在做其他事之前先把钱存起来。

2. 设定目标的期限。

假如孩子有强烈的买某一玩具的欲望，如变形金刚、飞机模型等，父母应该建议他先找一张这个玩具的图片，在上面写上希望购买的日期，然后把它挂在自己房间里醒目的地方，好让他天天能看到，不至于遗忘。另外，还要帮助孩子规划好在这段时间里，每天应该节省多少零用钱，如果这样并不能攒够钱的话，可以让他适当干些家务来挣钱。在这里父母需要注意的是，干家务给孩子钱，只是在这个阶段里为了帮助他才这样做的，除此之外干家务他是不会得到钱的。

3. 同孩子总结存钱的技巧。

名义上是同孩子一起总结存钱的技巧，实际上是通过旁敲侧击的方法，让孩子明白如何才能把钱节省下来存到银行去。这些技巧包括：每周存下一部分的零用钱；将所有在节日时收到的礼金都存起来；少花点钱在自己身上多做些额外的家事；在有时间把钱花掉之前先存起来；尽量少放钱在口袋里。

4. “存款”要合理使用。

为了让孩子能合理使用自己银行里的“存款”，可以让他制定出一个计划，计划里那些必要的、急需的东西应当优先考虑。此时，父母的监督是丝毫也不能松懈的。随着孩子年龄不断增长，可以让他有一些自己支配的零钱，父母只需要给出必要的指导就可以了。

攀比让孩子盲目

一天我在翻阅《新商报》的时候，看到这样的一则报道：一个小学一年级的小男孩因为见自己的很多同学上下学都有专车接送，而自己却是每天由妈妈骑着自行车接送，觉得很没面子，便去恳求做生意的姑姑也开车接送自己上下学。当要求被满足之后，这个小男孩就再也不允许自己的妈妈来接送自己了，另外还跟同学们介绍说现在开车送他的姑姑是自己的妈妈，而以前那个自行车接送自己的妈妈其实是他们家的保姆。

近年来，学校里孩子们的攀比之风日甚一日，一个刚刚小学一年级的学生居然配有笔记本电脑，四五年级的孩子穿一千多元的“耐克”运动鞋还嫌在同学面前“栽面儿”，一个初中生一年要换四五部手机，每当过生日的时候都要到大酒店里面开聚会，一次花掉上万块钱已经不是什么新鲜的事情了。家里较有钱的孩子身上穿名牌、讲究吃喝，家里不富裕的孩子也不甘示弱，打肿脸充胖子，和人家盲目攀比。根据国家统计局一项最新调查表明，全国大中城市12岁（含）以下孩子一个月的总消费额（不包括学杂费）已经超过了30亿，平均一个孩子每个月的平均消费都超过了父母，甚至比家庭总收入的一半还多。

石家庄市的张女士有一个八岁的女儿，正在上小学一年级。不知为什么，有一段时间老显得很不高兴，上学之前总是磨磨蹭蹭的。一天早上吃完早餐后，张女士同往常一样冲着女儿的房间叫她快点收拾书包准备上学，可就是不见女儿有反应，于是张女士推开门进去训斥了几句，谁知女儿突然泪流满面，表示自己不想去学校。经过张女士的再三追问，女儿才哽咽着说出了原因——她们班同学的手机都是新款彩屏带和弦的，而她的手机却没有和弦，声音很单调，形状也不好看，课下同学们经常拿着自己的手机炫耀，总是笑话她这部“丑陋”的手机。

李女士有一个正在上小学四年级的女儿，本来家中的铅笔、发夹已经很多了，书包、文具盒都有十几个，但还是不断要求李女士带她去商店买新的发夹、文具盒……这让李女士很头疼，每次要求买新的东西时都不是因为她真正需要，几乎都是因为同学新买的东西更漂亮或是更好玩。对于女儿提出的这些不恰当的要求，李女士也知道这属于攀比行为，肯定会影响到孩子的成长，可是只要一拒绝，孩子就会又哭又闹，甚至绝食，最后只好答应。

孩子们之间的攀比风气，越来越多地引起了家长和社会的注意，不少人都在指责孩子的攀比心理，可是平心而论，我们这些成年人不是也整天在跟别人进行比较吗？今天比谁挣的钱多，明天比谁职位高，后天比谁家的房子大……与孩子唯一有不同之处的就是，成年人的个性和心理已经相对比较成熟，比较之后即便发现自己在一些地方不如别人，也会用适当的反应来“掩饰”自己心理上的失落。

因此，当我们在谴责孩子的攀比之风时，其实更应该反思一下我们自身。在很大程度上，孩子攀比心理的形成都跟家庭教育有关。例如父母在家谈话时不经意露出的一些对别人的羡慕之语，在教育孩子的过程中进行攀比等。或许这些只是家长很随意的言行，但给孩子带来的影响却是很严重的。从上面的那些事例中我们就可以看出，孩子如果长期处在攀比之中，就会形成一种扭曲的心理，而任由这种心理发展下去的话，那么孩子将来“不认亲娘”还是轻的，甚至连“弑杀父母”都有可能！

那么，对于孩子的盲目攀比，父母应该怎么应对呢？可以从两个方面来应对：首先，父母在日常的家庭生活中要尽量避免在孩子面前谈论攀比或者做与他人攀比的事，比如某某家有高档的电器，自己家却没有；某某人穿得衣服比自己的昂贵、新潮等，父母要明白，要想让孩子不跟别人攀比，自己首先就要杜绝攀比的习气；再者，可以在金钱上控制孩子的攀比，人总是有欲望的，孩子也是如此，如果一次次的要求都得到了满足，就会助长孩子的攀比欲，反之则能有效地控制。

另外，对于孩子的攀比心理，父母还可以采取因势利导的方法，将攀比转化为动力。孩子之所以跟别人进行攀比，就说明了在孩子的心里有着竞争的意识，在某一方面想要达到与别人同样的水平或超越别人。如果父母能及时地抓住孩子的这种心理，引导孩子在学习、才能、意志力、良好行为等方面同别的同学进行攀比，使孩子养成发奋努力、勇于赶超的精神，对孩子心理的健康发展是有很大帮助的。同时，也可以让孩子自己想办法来实现他自己的需要，以此来培养孩子的独立性、自主性等良好的心理品质。

还有一个行之有效的方法，就是转移孩子的关注点。父母可以带着孩子去了解并认识一些其他的事物，例如文学、历史、自然等，还可以有意识地培养孩子对于钢琴、舞蹈、绘画等方面的兴趣，同孩子一起选择他真正感兴趣的项目，增强他在这一方面的造诣。只有把孩子的关注点转移到其他的方面，他才不会因为目光狭窄而只关注一些衣服、食物、用品等这些方面，也才不会热衷于与其他同学进行这方面的攀比。

让孩子学着理财

“怎么样，你的股票涨了没有？”

“涨了，可惜没有你的股票涨得快。”

……

第一节的语文课刚下，11岁的女孩儿敏敏和小静就凑到了同学赵强的身边，热烈地讨论起了股票上的事。

这3个孩子是班里几个炒股票的活跃分子，而且各自的成绩也颇为不俗。说起当初为什么会炒股，敏敏说她今年挣了3000多元的压岁钱，加上自己以前在银行里存的钱，总共有7000多元。开始她本来打算再存到银行里去的，可碰巧看到妈妈正在炒股票，而且自己也听人说炒股能赚更多的钱，于是就也想参与，并请妈妈给予帮助，教教自己怎么炒股。

“我现在已经赚了1500元了。”敏敏带着喜悦之情说，“本来我打算把这些钱都买股票的，可妈妈说股市风险大，我就没有多买，只买了3000元，没想到第二天一股就涨了两元。”

9岁的小男孩小瑞，虽然才上小学2年级，可他存在银行里的零花钱已经积攒了有将近一万元了。该怎样处理这些钱呢？开始的时候的确让小瑞和他的父母费了一番脑筋。最后，在银行工作的爸爸提议让小瑞用这些钱去买基金。这样一方面可以培养孩子的理财意识，另一方面也算是一种投资。爸爸的建议得到了小瑞的热烈拥护，他早就想让自己的这些储蓄能钱“生”钱了。

对于上面的两个事例，有很多的家长这样认为，学习才是孩子的首要任务，让孩子过早地去炒股票货买基金，不仅会分散孩子在学习注意力，一不小心还容易让孩子形成“金钱至上”的拜金观念。甚至有些家长认为，允许孩子去炒股票货买基金，名义上说是为了让孩子尽早地接触社会，培养他们的理财观念和生存能力，实际上都是托词，让孩子做这些事情的结果只有一个，那就是最终荒废了学业，小小年纪便沉迷于股市而不能自拔。

前几年在我国的图书市场上出现了一本畅销书，这本书在国内引起了很大的震动，而且这种震动的余波现在还没有平息，这本畅销书就是《穷爸爸富爸爸》。在这本书中，作者阐述了这样一个观念：正是由于穷爸爸和富爸爸之间存在着截然不同的生涯规划和理财理念，才最终导致了穷与富的差距。美国的一位幼儿教育专家就曾指出，生涯规划和理财观念不应该只是成年人才能做的事，而应该是从小培养而成的一种素养。从这些理论上来看，让孩子尝试着炒股、买基金，也未尝不是一件好事，起码对孩子的成长和理财能力的培养是实实在在的，并不像一些家长所说的那样，是在锻炼孩子的托词下掩盖着别的目的。其实，对于一个孩子来说，无论他的家庭富裕与否，无论他有没有背景，只要能够从小培养他恰当的理财观念和意识，他就有可能在长大之后成为一个富有的人。

被称为“股票投资之神”的沃伦·巴菲特，11岁的时候就开始了他的股票投资生涯。当他买下了生平的第一张股票时，没有谁会因此联想到，这个孩子将会成为有史以来最伟大的投资家。初次进入股市的巴菲特并不是很幸运，他把自己和姐姐积攒下来的零花钱全部投了进去，可不知为什么，本来那支股票走势很强劲，忽然又开始下滑，为此姐姐很生气，对他破口大骂，坚持让他把手里的股票都抛出去，而小巴菲特却认为，股票投资不应该是一种短期的投机行为，只要继续持有下去，不出三四年肯定会赚钱。姐姐的那份股票卖出去变现了，巴菲特继续持有着自己的那份股票，四年之后，事实证明巴菲特的做法是正确的。

现在，我们经常看到一些孩子拿着自己的压岁钱或者平日节省下来的零用钱去投资基金，有一些大学生利用自己学到的知识投入股市挣出学费的报道，从这方面也反映出在经济表象的背后家长的教育观念也有所更新。让孩子早早地接触股市、培养理财意识，学着自己规划自己的未来和人生，这又何尝不是一种很好的教育方式呢？我们又有什么理由不去相信，就在这些孩子当中不会产生出像巴菲特那样杰出的人物来呢？即便最后得到的是失败的苦果，又何尝不是孩子的第一笔人生财富呢？

当然，由于孩子的年纪还很小，所能承受的打击能力也十分有限，而且他们在相当大的程度上都会因为赚钱而高兴，接受不了赔钱的现实，因此，当孩子也参与到投资市场的热潮中时，父母首先考虑的不应该是赚钱问题，而是孩子的心理承受能力，毕竟炒股和购买基金都是存在着一定风险的。此时，父母要做到以下三点：

1. 不要让孩子把储蓄都用来投资。辛辛苦苦积攒下来的钱一下子都没了，就连大人也接受不了，何况是孩子。因此，孩子拿去炒股票或买基金的钱，应该只是他储蓄中的一小部分。

2. 平时要多灌输孩子一些投资常识。为了更好地培养孩子的理财观念，父母应该在平时就多给孩子讲一些有关投资方面的理论和常识，加强孩子对风险的认识，从而使孩子的理财规划越来越趋向于理性。

3. 做好监督工作。在投资活动中普遍实行的是“风险各担”的原则，从法律的角度讲，如果父母授权让孩子炒股或买基金，并让孩子掌握资金密码等相关信息，一旦孩子赔了钱，法律不会将其视为无效的法律行为。因此，在平时父母一定要监督好孩子的投资行为。